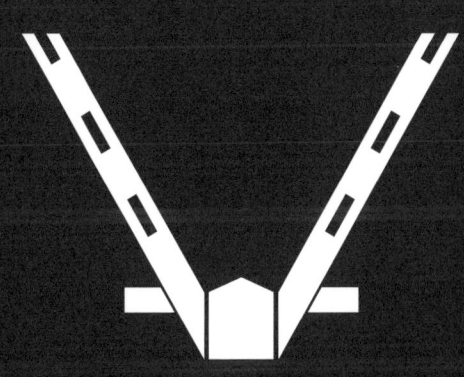

神道 見えないものの力

葉室頼昭
Hamuro Yoriaki

春秋社

はしがき

私は子供の頃から、家の伝統という目に見えない存在を感じ、いつも不思議に思っていました。私の家は、平安時代から朝廷の神事、とくに神社と朝廷との間を取り持つ仕事を行なってきた公家の家ですが、明治になり公家の制度がなくなり、朝廷の神事とは関係がなくなったのに、その不思議な伝統というものが続きました。神職ではないのに私の曾祖父は奈良の談山神社の宮司になり、祖父は生粋の陸軍の軍人であったのに晩年には金刀比羅宮の宮司になり、また父は銀行員であったのにこれまた晩年には京都の下賀茂神社の宮司になりました。そして当時医者であった私は、まさか私が神職になるとは考えていなかったのに、なぜか春日大社の宮司に就任することになったのです。

医学的には、遺伝子の中の記憶がよみがえり、そのような伝統が伝わると考えられるのですが、しかし祖父や父は他家からの養子であって、葉室の家とは血の繋がりはないのに、この家に養子に来ると、家の伝統の力によるのでしょうか、晩年には神社の宮司になるという運命に従っています。この目に見えざる伝統という導きは、いったいどこから来るのでしょうか。私はいつも不思議に思っております。

戦後日本は、歴史と伝統を否定して、これを子供に伝えなくなり、しかも人々は全て物事を理屈で考え、しかも自分中心に考えて物事を判断したために、目に見えないものは信じない、科学で証明されないものは信じない、目に見えない神など信じない、というようになり、現在のような乱れた日本になってしまったと私は思うのです。この世の中というものは、目に見えない神の知恵によって導かれ、生かされているということを日本人は全く忘れてしまっているのです。

先日テレビを見ていたら、アフリカの大自然の山の中に大きな洞窟があり、その中に象の大きな群れが奥まで入っていくところが映っておりました。なぜ象がこんな洞窟の中に入っていくのか非常に不思議に思われておりましたが、最近、森林の中で生活している象が自分の体内のミネラル成分の不足を補うため、その成分が含まれている洞窟の奥の岩壁の土を牙で削って、その土を食べていたことが分ってきたのです。何と不思議な知恵でしょうか。動物はちゃんと自分の体に何が不足しているのかということを、知恵で知っているのです。しかし現代の日本人はそうした知恵が全くなく、体内の成分不足など全く分らず、すべて医学など、他から知らされて薬などを飲んでいます。

このように自然の動物は、見えざる導きによる知恵をちゃんと感じて生きているのです。もとより、私たち人間も動物ですから、今やっているような知識で生活するということを止めて、見えざる導き、本来そなわっている生物の知恵に目覚めなければ、いずれ遠からず人類は滅亡するのではないかと私は危惧するのです。そうならないために、とくに子供たちに、祖先が育み、祖先が伝えてきた生きるための知恵、すなわち、いのちを何とか伝えなければならないと痛切に願っているのです。

こうした思いが少しずつかたちになってきた時に、図らずも春秋社より『〈神道〉のこころ』『神道と日本人』に続き、第三冊目の出版のお話しがあり、この『神道 見えないものの力』という本を刊行することができました。改めまして春秋社の神田明社長、編集部の佐藤清靖氏はじめ、関係の各位に謝意を表します。

平成十一年九月

葉室頼昭

神道　見えないものの力

目次

神道　見えないものの力

序章　見えないものの力

見えないものの力

先日、ある翻訳家のかたからお手紙をいただいて、そのときにアメリカの思想家ケン・ウィルバーの『進化の構造』という厚い本をいただいたんです。その人がどうして私に手紙をくれたかというと、私の本を読んで、彼が訳されたケン・ウィルバーと私が同じことを言っているということに感動して、この本を送ってくれたんです。その本にどんなことが書いてあるのか。とても厚い本だから一遍に全部は読めないんですが、ざっと読ませていただいたら、たしかに私と同じようなことを言っておられる。なかなかの理論家だと思いますが、宇宙の構造について、ひとわたり書いてある。結局、結論としては、宇宙というのは何か不思議な力によって導かれて動いているんだということで、決してそこには偶然とか、もののはずみとか、突然とか、そういうものはありえないという結論に達しておられます。私もまったくそのとおりだと思います。

私がいつも話しているように、人間がなぜこの地球に生まれたのかという目的は、偶然とか、サルから進化したとか、そういうことではなくて、百五十億年前、ビッグバンが起こる前に、そこにやはり神の心というものがあって、その目的に向かってすべて宇宙は動いている。私はそう思っています。

その神の心というのは何かというと、いつもお話ししているように、神の世界を認めさせて、それをこんな素晴らしい世界であると表現する、そういう人間という生物を生み出そうという宇宙の心が、百五十億年昔、もっと前からあったに違いないと私は信じています。すべてがその目的のために、まず百五十億年前にビッグバンで宇宙が膨張し、それからものという物質ができてきたわけです。

最初にできたのは素粒子であり、それがバランスを取って原子というものの最小単位ができる。そこからすべて始まって、この広大な宇宙に膨張し、無数の星が誕生し、そして百億年くらいたって、いまから五十億年くらい昔に地球が太陽から誕生し、そして十億年くらいたって、いまからだいたい三十八億年くらい昔に、地球の水のなかに生物が誕生し、そして人間へと進化した。

すべてこうしたことは神の仕組みで起こっていると思うんですね。偶然に生物が現れたとか、偶然に人間に進化したと言うのではなく、すべて神さまの目的において、宇宙は見えざる力によって導かれていると思うのです。

いま人間はあまりにも知識が発達して、傲慢になってしまって、自分の力で何でもできると考えるようになってから、すべてこういう神秘の、目に見えないが実際に働いている真実の力というものを見失ってしまったと思うんですね。だから、いまこそその原点に返らなければいけない。われわれはそういう見えない力によって導かれているんだということを、原点に返って自覚しなければいけない。そういうときだと私は思っています。

『〈神道〉のこころ』あるいは『神道と日本人』でも書きましたが、私のこの七十年の人生というのは、すべて神に導かれた不思議な人生であったように思います。結局ひとつとして自分で何をしようと考えたことはまったくなく、すべて導かれてここまで歩まされてきたので、私は自分の経験からも、神さまのこころというものが本当だと信じています。

いつも言うように、私は小学生のときから神に近づきたいと思っていたんですが、なぜ神に近づきたいと願ったのか、不思議なんです。そのために、私は中学生のときから人と競争をするということをしなくなった。ただ神に導かれて、現在を努力してきた。そうしたら、神さまが導いてくださるという人生を歩むことになった。自分でやったのではないけれども、そういうふうにさせられてきたわけです。

そして、東京にいた私が、なぜ大阪の大学の医学部に入ったのか。どうして入ったとたんに結核になったのか。どうしてそれが死ぬところまで行ったのか。どうしてそれが神の世界を見てよみがえってきたのか。いまから思えば、そのすべてが導きなんですね。私が博士号を取得したのも、なぜああいうテーマを教授が私にくれたのか。考えてみたらまことに不思議なことで、人間の体が、祖先の人生とわれわれの人生がくっついて循環しているということを、博士論文の研究のときに知ったんです。これもまた神さまの導きではないかと思います。

それから、なぜ私が、形成外科を選んで、生まれつきの変形の赤ちゃんを回復させようと思ったのか。これも不思議なことだと思います。そして、突然、大野病院の院長になったり、医者をやりながらなぜ神職の勉強をするようになったのか。それから、どうして枚《ひら》岡《おか》神社の宮司になったのか。どうして春日大社の宮司になったのか。このすべてが導きであって、いま自分の人生を振り返ってみると、すべて春日大社の宮司になるために導かれたように思います。そして、やはり神の導きというものを人々に広めるために、こういう人生を歩まされてきた。私はいまになって、ようやく神さまのご意思を実感したのです。だから、この世の中というのは自分で生きているのではない、生かされているのだと、私は「神に導かれる人生」についてのお話をいつもしているわけです。

古事記のこころと宇宙のはじまり

――そうですか。ところで宮司はよく『古事記』について語られますね。

鹿図屏風（江戸時代・春日大社蔵）

そうですね。これもいつも何度もお話をしていますが、人間の本来の生活をしてきたのは、世界で日本人だけだろうと思います。どうしてこの狭い日本列島に日本人という民族ができたのか。これもまた不思議な神の導きではないかと思うんです。世界でまれなる人生観というか、自然観を持った民族であることが、『古事記』を通して見えてくるのです。キリスト教だったらバイブルとか、あるいは仏教ではお経という経典があって、それぞれの哲学で人生を説いているでしょう。しかし、『古事記』というのは哲学とか、教えとか、そういうものとはまったく関係なくて、特にはじめの神代篇の部分は直観力というか、そういうものによって宇宙の本当の仕組みを述べている。これは世界でも奇跡のような本なのです。

　キリスト教だったら神さまがこの地球というか、天と地を造られた、そして人間を造られたというところからスタートしますが、『古事記』ははるか昔、百五十億年昔の宇宙の仕組みからスタートしています。こういうものを考えたのは日本人だけです。それを物語ふうにしているので、いかにも非科学的だと言う人がいますが、それはまったくとんでもないことです。

　『古事記』のいちばん最初の言葉というのは、「天地初発之時於高天原成神名天之御中主《あめつちのはじめのとき、たかまのはらになりませるかみのみなはあめのみなかぬしの》神《かみ》」となっています。たったこれだけの文字で、百五十億年昔に宇宙の中心に天之《あめの》御《み》中《なか》主神《ぬしのかみ》という神さまがいらっしゃって、その心によってすべてがスタートしたということを言っている。この発想というのは奇跡のようなものだと思います。なぜそういうことを日本人が知っていたのか。

それから、この世界を神さまが造ったとは書いていません。それぞれ生まれてこられた、と書いてあります。すべて『古事記』というのは、神さまが造ったとは書いていないんですね。いろいろな神さまが生まれてこられたと書いてあります。

まさにそのとおりであって、最初に神さまから出てきたのは素粒子という波動でしょう。物質のいちばん最小単位が現れてきた。それをそれぞれの神が現れたという表現にして、それを一人神というかたちで表しているのはすごいと思います。そして「身を隠したまいき」と書いてある。つまり目に見えませんよという表現でしょう。これもすごいと思います。ですから、最初の素粒子、陽子、中性子というのは、物体ではないから見えない。単なる波動です。

そして次に『古事記』では、高御産巣日神《たかみむすびのかみ》、神産巣日神《かみむすびのかみ》という結びの神が現れて、一人神を結び付ける。そして、ものができてくる。こういうことを書いていますが、まさにそのとおりなんですね。

そして、いろいろな素粒子が結び付いて原子の核というものができて、一つの原子というものができるでしょう。これが湯川秀樹博士がノーベル賞をもらわれた中間子理論ですね。物事というのは、結び付ける中間子というものがあるから結び付くという考え方です。これは素晴らしいと思います。これを結びの神という表現にしているというのはすごいことだと思います。

たとえば湯川博士がいつも言われているように、プラスの電気とマイナスの電気の間にどうして電流が流れるのか。プラスの電気がどうしてマイナスの電気が分かるのか。マイナスの電気がどうしてプラスの電気が分かるのか。分かるはずがない。その間を結び付ける中間子というものがあるから、そこで結び付いて電流が流れる。これでノーベル賞をもらわれたわけでしょう。

これを日本人は、高御産巣日神、神産巣日神の結びの神ということで表している。この発想は本当にすごいと思います。決してあれは架空の物語ではなく、宇宙の誕生の歴史を最初からやっているのが、『古事記』の最初の神代篇なのです。そして最後に出てくるのが、伊邪那岐命《いざなぎのみこと》、伊邪那美命《いざなみのみこと》ですね。そこに至ってはじめて人間というものが出てくるわけです。

その百五十億年の進化の過程を、わずかそれだけの文章で表しているわけです。そして、伊邪那岐命、伊邪那美命から本当に実際のこの世界を一つひとつ生んでいかれる。

そして、神さまがどうやってこれを生んでいかれたか、ちゃんと書いてある。最初はドロドロしたものがあって、そのなかに突っ込んだ棒を引き上げた時の滴《しずく》で島ができてきた。最初は地球上はドロドロした状態で、そこからすべてがスタートして生命が誕生してくるわけでしょう。だから、そういう混沌としたドロドロしたところからものが現れてくるというのは、まさに真実なんです。そういう発想はすごいと思います。こうした自然観というか、宇宙観を日本人が持っていたということが、私が日本人を世界でも唯一の素晴らしい民族だと声を大にして言い続けている理由なんですね。

――いま見えないものの力ということでお話がありましたが、一方で見えることの不思議もあるかと思います。見える不思議、見えない不思議というものがあると思いますが。

見えないものがどうして見えるのか。考えたら非常に不思議だと思います。これは非常にむずかしくて、私がいくらこれをやさしく説明してみても、いままでこれをちゃんと理解してくれた人がいないんです。これはまことに不思議で、見るというのはどこで見ているのかというと、目で見ているのではない。人間でいえば、脳の視覚中枢という細胞で認識しているわけでしょう。目は単に光をキャッチする道具に過ぎない。

そして、これまた私が説明して分かっていただけるかどうか分かりませんが、たとえばここにお茶碗があって、これに太陽の光があたるとするでしょう。その光の反射具合で茶碗であることが分る。ところが、もし茶碗に当たった光がそのまま全部反射してきたら、まぶしくて茶碗は見えない。見えるのは太陽の光だけです。けれど実際は全反射しないで太陽の光が茶碗の波動に変わっているのです。だれも考えないでしょうが、この不思議さですね。それが乱反射です。乱反射すると、この茶碗の波動に変わり、それが目に入ってくるんですね。そして、水晶体から眼球の網膜というところにこの波動によって像が結ばれる。それが視神経から脳にいくと、茶碗というものに見えてくる。この仕組みの不思議さというのはだれも考えない。見えるのが当たり前だと誰しも思うでしょう。けれど正しくは太陽の光があたったとたんに、茶碗なら茶碗の波動に変わってそれを見ているんですね。

——すごいですね。

考えたらまことに不思議だと思うんです。その波動を脳がキャッチするということが、不思議だと思います。だから、見ているのは脳の細胞で見ているのだから、脳の細胞が変われればものが違って見えてくるということです。

普通、われわれは色のきれいな茶碗だと見ているけれども、イヌやネコが見たらそうは見えていない。イヌやネコの細胞にはそういう認識力がないですからね。どういうものに見えているのか分かりません。色という感覚もないそうですから、果たしてどんな姿に見えているのかわれわれには理解できないけれども、神さまはイヌやネコよりはるかに優れた不思議な能力・認識力を人間に与えたわけでしょう。これが不思議だと思うんですね。

奈良公園では、いつもシカが横断歩道を悠々と歩いて渡っています。シカは別に信号の色が分かるはずはないんだけれども、どうしてシカは横断歩道を悠々と歩くのか。あれが不思議でしょうがないんです。

――そうですね。車道を歩いてもいいわけですね(笑)。

いいんですよ。ところが、人間が渡る横断歩道を悠々と渡っていくんです。これはなぜなのか。私は本当に不思議だと思います。

自然と共生

ところで、この奈良のシカといえば人間との共生ですね。ここで少しばかり一般に言われている共生と本当の共生とは違うことを説明しますと、共生というと、たとえば自然と一緒に生きる。これが共生だと誰でも思うでしょう。

――普通はそうですね。

ところが違うんです。自然とともに生きるといったら、アマゾンの奥地とか、密林のなかで生活している未開の民族というのは、まだいまでもいますね。彼らがいちばん自然と共生しているのかというと、違うのです。あれは共生とは違い、自然のなかで生きているということなんです。

——共生ではないわけですね。

ええ。共生というのはそうではなくて、奈良だったら、シカはシカでその生活をしている。文明・文化を持ったわれわれ人間が、こちらからシカに近づく。そしてシカと一緒に生活しましょうというのが共生です。シカをこちらに馴れさせるとか、そういうことではないんです。シカを馴れさせて一緒に生活するというのは家畜です。共生ではない。共生というのは、人間が向こうに近づくことです。向こうは向こうの生活をしている。それと人間が一緒に生活しましょうというのが共生です。それをやっているのは世界で奈良だけなんですね。

外国でも、いろいろな公園に動物がいますが、外国人の考え方は家畜でしょう。相手を馴らそうとするわけです。ところが、日本人は家畜という発想ではなくて、シカはシカとして自然に生きている。それに人間が近づいて一緒に生きましょうということです。これが共生です。

ですから、奈良のシカは決して人間に馴れているわけではありません。ただ、シカが長年の間に、人間がシカと一緒に生活しましょうと思っているということを知っているんですね。だから、車が来ても平気で歩いているのは、人間はシカと一緒に生活しようとしているから、決して車がシカを殺しはしないということをシカが知っているんです。馴れているというのとは違います。それで、悠々と歩いているんです。

ですから、日本人というのはもともと自然と共生する民族ですから、外国人の考え方とはすこし違うんですね。

——なるほど。たしかにわれわれはちょっと取り違えているところがあるのかもしれません。

ええ、この発想でなければ、いまの世界の自然というものは回復しない。外国人の場合は、家畜の考え方で自然を回復しようとする。人間の考えでここに木を植えたらいいとか、こうやったら自然が回復するだろうというのが、外国人の考え方です。これは家畜的な考え方なんですね。

ところが、日本人はそんなことはしていない。林は林でやってもらう。それに人間が近づく。そして、木と一緒に人間も生活しましょうというのが、日本人の共生という考え方です。他の国の人たちとは全然違うのです。こうした共生の生き方を自然体でやれるのは、世界広しといえども日本人だけだろうと思います。

話はかわりますが、アインシュタインが大正時代に日本に来たとき、間もなく人類が戦争で疲れ果てるだろう。世界が破壊されるだろう。そのときに世界を救えるのは日本人だけである。こういう日本人をこの日本列島に造ってくださった神さまに、心から感謝する。アインシュタインがそう言ったというのは有名な話です。アインシュタインが本当にそう言ったんです。一流の学者が日本人の素晴らしさを見抜いていたわけでしょう。

それほど日本人というのはすごい自然観を持っているんですが、戦争に負けたということで、それを全部捨ててしまったということに、心ある外国人が嘆いているのです。なぜ日本人はそれを捨てたのか。それをもっと思い出してくれと、日本人が言っているのではなくて、外国人が言ってくれているんです。

ですから、日本人というのは素晴らしいんだから、もう一度原点に返って思い出してほしい。日本人の素晴らしい心を思い出してほしい。そういうことを私は四十何年ずっと叫び続け、しゃべり続けているわけです。

――いまの共生の話との関連で、全体と部分という見方もできるのではないかと思いますが、そのへんはどうでしょうか。

そうなんですね。これも宇宙の厳然たる仕組みで、すべて全体が次の部分の一部になるという仕組みになっているんですね。たとえばどういうことかというと、原子全体が分子の一部になる。分子全体があるものの一部になる。そうすると、星全体が宇宙の一部になる。こういうふうに、すべて全体が一部になるという厳然たる仕組みなんですね。

人間の体もまさに宇宙の仕組みのとおりで、細胞全体が人間の体の一部になり、また細胞の集まった心臓とか、胃とか、そういう臓器全体が体の一部になるわけでしょう。そういう一部が体の一部になり、そして全体の人間がまた家族の一部になり、この家族全体が国の一部になり、国全体が世界の民族の一部になる。すべてそういう仕組みになっているんですね。これはすごい仕組みです。

そういうことを知らないで、自分一人で全体のように思うから考え違いをしてしまうんですね。それは全体の一部である。その全体が集まってまた何かの一部になる。こういう厳然たる仕組みが宇宙の仕組みの鉄則です。こういうことにみんな気が付いてほしいと思うんです。

人間の体でもそうなんですが、これは国際化ということにもつながってくると思うんですね。結局、日本人が世界の一部になるんだから、決して世界の人が全部同じことをやるというのが国際化ではない。それぞれが全体の一部なんです。

まさに人間の体そのものであって、人間の体を作っている何千億という細胞は、女性が排卵する一個の卵細胞から分裂してできている。もとは全部同じ細胞なんですね。しかし、その同じ細胞が全部同じ働きをしたら、人間は一秒も生きていけない。同じ細胞なんだけれども、それが集まって一つのグループをなすと、それ独特の働きをする。

たとえば心臓のグループになれば心臓の働きをし、胃のグループになれば胃の働きをし、腸になると腸の働きをし、目になったら目の働きをする。それぞれが特色のある働きをするわけでしょう。同じ細胞なんだけれども、あるグループになるとその受け持つ働きが違ってくる。そして、全体がバランスを取って調和してはじめて、われわれは生きていくことができる。これが国際化だと思うんです。

それを日本人は勘違いしてしまって、日本人が英語を勉強し、外国人の真似をして、外国人と同じことをするのが国際化だと考えている人がいますが、とんでもない話で、それをやったら人類は滅びる。こういうことなんですね。全部が均一になったら滅んでしまうんです。ですから、平等というのは、みんなが同じことをするということではなくて、それぞれの特色を持って生きるということです。そしてお互いがバランスを取るということが、本来の姿です。

男女の問題もそうなんですね。男女平等といって、女性と男性が同じようなことをするのが平等だと考えている人がいますが、女性は女性の生き方というのがある。男性は男性の生き方がある。神さまから与えられた生き方というのがある。それぞれが特色を持って生きて、お互いがバランスを取っていく。それが人間の世界でしょう。それをすべて自由とか、民主主義とか、平等という考え方の履き違えで、同じことをするのが平等だと考えたところに、この間違った社会ができてきてしまった原因があると思うんです。

だから、そういう宇宙の姿というものを見なさいと言っているわけです。これが鉄則であって、世の中で若い人が「それは古いんだ」とか「いまは時代が変わったんだ」と言いますが、それは人間が作ったものだけが変わるのであって、神さまの世界の鉄則というのは永遠に変わらない。変わらないものが神さまの鉄則であり、命なんですね。そういう変わらないものを知りなさいといつも言っているんです。

宇宙の本当の姿

――そういう意味では、やはり偶然というのはないということですね。

偶然なんていうものは存在しないんです。すべてが神さまの目的によって動かされているというか、生かされているということなんですね。それを偶然だなんていうのは、人間のうぬぼれもはなはだしいことで、これほど神を冒瀆することはない。偶然できてしまったなんていうことは、神さまはなさらないわけです。だから、決して人間はサルから進化したのではない。目的は最初から人間なんです。ただ、サルと人間が似ているというだけの話です。偶然サルから人間になったなんていうことはない。

ですから、ダーウィンの突然変異説なんていうのはないんです。そうではなくて、突然変異に見えるだけで、それは神の意志によってそうなったということです。しかし、人間はうぬぼれてしまって、科学の知識で解明できたようなことを思う。それはとんでもないことで、すべてが神さまのお導きなんですね。

たとえば日本がなぜ戦争をしたのか。なぜそれで負けたのか。どうして伝統の歴史を捨ててここまで落ちてきたのか。じっと見ていると、これも恐らくは、日本人の本来の姿に目覚めさせようとする神さまのお導きだと思うんです。しかし、人々は勘違いをしてしまって、たとえばもう少したつと幸せな世の中がやってくるというと、何もしなくてもやってくるように思う人がいますが、とんでもない話です。

どういうことかというと、何時何分にお日さまが出て夜が明ける。そうすると、何もしなくてもお日さまが出てご来光を拝める。こう思うんです。しかし、そんなことはありえない。それは地球が回転しているからお日さまが出てくる。地球が回転しなかったら、永久にお日さまは出てこない。地球は動いている。自分で働いている。努力しているんです。それでお日さまが出てくるんです。

それを勘違いしてしまって、何にもしなくても何時何分になったらご来光が拝めるという。そんなことはこの世の中にありえない。地球は努力して、回っているんです。太陽が回っているのではなくて、地球が回っている。自転しながら太陽の周りを努力して回っている。それで太陽が上がってくるし、冬があり、春があるということになる。みんな努力しているんですよ。それを人間は勘違いしてしまって、努力しないでも幸せがやってくると思ってしまうんですが、そんなことはありえない。

だから、二十一世紀にいくら幸せな世界がやってくるといっても、努力しない人にはやってこないわけですね。努力した人にはじめて神の幸せというのはやってくる。とくにいまの日本人は努力しないで幸せを得ようとするところに、とんでもない間違いがあるんですね。すべて努力です。

――すべてが神の導きとか、そういう必然性ということになると、じゃあ何もしなくてもいいのかと思うけれど、絶対にそういうことではないということですね。

ええ、絶対にありえない。たとえば日本の国が二十一世紀になって非常に幸せな国になったとしても、努力していない人には幸せはない（笑）。努力した人だけがその幸せを感じることができる。それを勘違いしているんですね。とくに日本人は、何にもしなくても幸せがやってくるという思いが根底にありますからね。そんなものはありえない。ですから、神さまはおっしゃっているでしょう。偶然というのはないと言っておられます。努力しない人には幸せは与えられない。これが鉄則です。

私は医者だからいつも思うんです。病気になったらお医者さんが治してくれるとみんな思うでしょう。治るわけがない。自分で治ろうと努力しない人は、いくら医学でやろうと治らない。ただ医者は助けるだけです。自分で治そうと努力しない人は、永久に病気は治らないし、残念ですが死んでいくだけの話です。

それを何か勘違いしているんですね。自分は何もしなくても入院したらお医者さんが薬で治してくれると勘違いしている。そんな世の中はない。偶然とか、そういうものはない。人は助けてくれない。だから自分でやらなければいけない。神さまだって自分でやらない人は助けてくれないんです。いや、本当を言えば、自分で努力しない人は神さままでも助けることができないというのが、本当の世界なんですね。

——神は自ら助くる者を助くという言葉がありますね。

ええ、そういうことです。自ら助けない者は助けられない。神さままでも助けることができないんです。だから、努力しなければいけない。ただ、努力しろといっても、その努力の方向を間違えるといけないから、私は正しい方向で努力してくださいという話をしているだけです。だから、神さまの救いというのはそういう大宇宙の真理に則った救いだと思います。私のような人間を生まれさせて、こういう方向をみんなに示しているだけだと思うんです。

ですから、悪いことをして地獄に落ちた人を、かわいそうだから救ってやりましょうという虫のいい話は、宇宙には存在しない。努力しない者は仏さまでも救えない。自分で目覚めて、努力してよみがえろう、更生しようとする人だけが仏さまに救われるわけで、好き放題して地獄に落ちていった人は仏さまでも救えない。

よく親鸞聖人が言うでしょう。『歎異抄』に書いてありますね。「善人なおもて往生をとぐ、いわんや悪人をや」とあります。普通の人が考えると逆に思うんですね。悪い人でも仏さまが救うのだから、いい人は救われるというのが、本当だと思うでしょう。しかし親鸞のことばは逆です。仏さまはいい人でも救う。だから、悪人が救われるのは当たり前であると。

これはどういうことかというと、いい人というのは、善人というのではなくて、自分は悪かったと自覚していない人です。自分は悪いことはしていないという人でも、仏は救おうとされるんです。そして悪人というのは、私が悪うございましたと目覚める人です。そういう人が救われるのは当たり前である。こういう意味なんですね。だから、いちばん救えないのは、おれは悪いことをしていないんだ、おれは善人だという人が、いちばん救えない。

それは神道の祓いと同じです。一生祓いつづけて罪・穢が祓われるということと同じです。自分は悪かった、間違っていた。だから、もっと改めましょうという人は救われる。おれは悪くないんだ、おれは正しいんだという人は、神さまでも仏さまでも救えない。こういう人は地獄に落ちていきなさいという意味なんです。ですから、自分は正しいと思っている人は、残念だけれども地獄へ行ってください（笑）。

——そういう人は地獄に行くんですね（笑）。

医学ではアポトーシスという厳然たる法則があります。これは私がいつも言っているように不必要なものは消えるという厳然たる鉄則のことです。このアポトーシスによってわれわれは生かされています。いつも話しているように、われわれの体内で新陳代謝を常にやっていて、何千億という古い細胞が新しい細胞によみがえって生かされているわけです。だから、それらの細胞が全部健康な細胞によみがえってくれれば、全く問題はない。健康だということです。

ところが、そうはいかない。間違った情報を持つガン細胞も出てきてしまう。われわれの体内ではガン細胞なんていうのはしじゅうできているわけです。でもガンにならないのは、アポトーシスという仕組みが遺伝子のなかにあるから、ガン細胞は人間の体には不必要だから消えていくわけです。ところが、この遺伝子の仕組みが完全に正常に力を発揮していない人は消せないんです。それでガンになってしまうんですね。

この不必要なものを消すアポトーシスという厳然たる働きもまた、大宇宙の全てに通じる法則なんです。つまり、もしわれわれの生活が神の法則に反する生活をしていれば、それはつまりアポトーシスで消えていくということになるわけです。ですから、日本人は二十一世紀にはほとんど消えるのではないかと心配しているのです。いま神の法則に沿った生活をしている人間が、この日本という国にいったい何人いるのか。

――ほとんどいないんじゃないでしょうか。

ええ、ほとんどいないでしょう。そうしたら、日本は二十一世紀に消えるということになりますね。これは予測でも何でもない。神の、そして大宇宙、大自然を貫く仕組みがあるんだから、そのとおりになったらみんな消えてしまいますね。だから、神さまは日本人に消えてもらいたくないから一人でも多くの人に目覚めなさいと、私のような人間に言わせているのではないかと思うんです。だから私は、神さまの法則に沿って生きてくださいと口をすっぱくして言っているわけです。

第一章　時間と空間

世界遺産と春日大社

――今回、春日大社が世界遺産に指定されましたね。そのへんのところからお願いいたします。

平成十年の十二月に、京都でユネスコの世界遺産委員会が開かれて、奈良の春日大社、東大寺をはじめ春日奥山原始林などの八資産群が、世界遺産に登録されました。ところで、いままでのユネスコの世界遺産を残そうという考えは、外国のピラミッドとか、ギリシャの神殿とか、そういう過去に栄えていたところの建物が石の文化だから、それらが年月とともに崩壊してしまうから、それを何とかみんなの力で残していこう。そういう発想のもとに始まってきたと思うんですね。

ところが、日本の文化は木の文化で、しかも何度も造り替えているから、そういうものは遺産ではないというのが、外国人の発想だったんです。春日大社も、伊勢神宮と同じように、二十年に一度、お社《やしろ》を新しくするという式年造替《しきねんぞうたい》というのがあって、造り替えられてきたわけでしょう。それを委員会の人たちが奈良に来て実際に見てびっくりした。昔からの伝統の姿をいまなおずっと守り続けている。そこに驚いたんですね。そういうことで、全員一致で古都奈良の文化財として世界遺産に登録されたのです。

いつも言っているように、続けるということを日本人は当たり前に思っていますが、これはたいしたことなんですね。フランス人であるオリヴィエ・ジェルマントマという作家も声を大にして言っておりますが、こうやって千年も二千年も歴史をさかのぼって辿って行ける、昔からの伝統をずっと続けているというのは、世界広しと言えど日本人だけである。だからいまのこの乱れた世界をよみがえらせ、正しくすることができるのは、日本人しかいない、と。つまり世の中で続くというのは、神さまの命以外にない。ですから、続いているというのは、そこに神の命があるということであり、それをずっと続けている日本人はすごいということなんですね。そしてこの命というのはどうやって続くのかというと、人間の体でいえば新陳代謝であり、それによって古い細胞が新しくよみがえる。この方法で続いていくわけです。それをやっているのが春日大社の式年造替ですから、そういうものにユネスコの担当者たちが驚いたんですね。

世界遺産というと、日本人でも古いお寺の建物とか、そういう物質的なものだけと思っているけれども、本当はそれだけではなくて、昔からの伝統文化を絶やすことなく続けてきたという目に見えない祖先の努力というもの、それが世界に誇る日本の文化遺産だと私は思うんです。外国人たちも、日本に来てはじめてその目に見えない努力を知って感動したわけですから、決して建物そのものが世界遺産ではないと私は思っています。そういう目に見えないことを大切にするのが日本人であると思うんです。

――平成七年に第五十九回目の式年造替が行なわれたわけですね。

ええ、二十年ごとに造り替えながら、昔の姿をそのまま伝える。この発想は、日本人は当たり前に考えているけれども、外国人から見たら、すごい発想なんですね。そして、いまでも変わらずに続けているでしょう。

――向こうは石で造ってしまうから、造り替えられないですね。

そうですね。日本人はそのままま全く同じものに造り替えてしまうというところに、すごさがあると思うんです。とくに近年の春日大社ご造替というものは、すべて新しくしないで、悪いところだけを替えて原形をとどめようという技術があります。これは石の建物ではなかなか難しいことです。柱でも、悪いところだけを切って、そこだけを継ぎ足して一つの柱をもとに戻す。春日大社の建物でも、場所によって年代が全部違います。だから、これはいつごろの建物ですかと聞かれても、答えようがないんです。修理した年代が違うんですからね。

――ここは明治で、ここは大正でと、そういうことになっているんですね（笑）。

ええ、これは江戸時代とか、そういうことになるんです。そうやって原形をとどめる。こうして千年も前からの建物を伝えてきた。これは外国ではなかなかできないことなんですね。こういう日本文化の原点が、今回の世界遺産に登録された大きな要因だと思うんです。

とくに春日奥山の原始林が世界遺産になったでしょう。こういう原始林というのはアマゾンの奥地にはいくらでもありますね。では、なぜ春日大社の奥山原始林が世界遺産になったのかというと、山奥ではなくて、都会に接して原始林が存在している。こういうのは世界に例がないんですね。ここに日本人の共生の姿があります。原始林には手を入れない。そこに神を祀って人を入れない。原始林の木はそのまま生活しているわけです。それに人間世界が接している。そして、その原始林の杜《もり》から多大な影響を受け、日本独自の神道文化が育まれてきた。けれどその杜を開発したり、破壊したりはしない。杜と人間とが一緒にともに生きようとするでしょう。これが原始林が世界遺産に登録された理由だと思うんです。そういう姿、共生というものに、外国人は驚くんですね。すべて目に見えるものではなくて、目に見えない関係から独自の文化が育まれてくる。それがすごいと外国人は思うんですね。そして日本に昔から行われてきた放生会《ほうじょうえ》という行事にもこの共生という生き方が現れているのですね。

放生会と細男

——そうですか。われわれは、放生会と言うと、池に鯉を放つとか、すぐそういったことしか思い浮かばないんですが（笑）。

放生会というのがどういう意味だか詳しくは知りませんが、強いて言うなら、生を放つですから、死者をも平等にするということではないかと思います。つまりこの放生会の根本は、日本人の共生という考え方から出てきているのではないでしょうか。

たとえば戦争になると、戦没者の慰霊ということを、どこの国でもやっているでしょう。みんな自分の国の戦死者、戦争で死んだ人を慰霊しているんですが、日本人はそれだけではなくて、まず敵の戦没者を慰霊するんです。敵の戦没者が浮かばれれば、味方の戦没者も浮かばれるという考え方なんですね。味方の戦死者だけを弔《とむら》って、敵の戦死者はほったらかすというのではなく、相手の戦死者とも一緒にともに生きようという考え方が元々です。片方を捨てて片方だけが幸せというのはありえないという、日本人の世界にまれなる共生の考え方が放生会にはそのまま残されているのです。

この、私の言っております放生会というのは、九州の大分県の宇佐八幡宮に昔から行われてきたお祭りなんですね。江戸時代頃まではやっていたんでしょうが、いつの間にか消えてしまって、それを今回復活しようということになり、そのことがご縁となって知ることができたのです。

——宇佐八幡の放生会ですか。

ええ。昔は隼人《はやと》族の反乱というのがあって、大和朝廷との戦いがあったでしょう。そのときに、味方も死んだけれども、多くの隼人族の人が死にましたね。そのときに味方よりも先にまず隼人族の戦死した人を弔ったんです。

そして弔うためのお祭りに舞った舞が細男《せいのう》という日本古来の舞なんですが、それがいまは春日大社にしか残っていないんです。毎年、十二月十七日の若宮おん祭りに神さまに奉納されています。その細男をぜひ宇佐八幡宮で奉納してくださいということで、大分へ呼ばれて行ったんです。

この細男という舞は、日本の芸能の原点とも言うべきもので、こんなシンプルな舞というのはないんです。みんな白装束を着て、覆面をして顔を隠して、そして簡単にいうなら歩くだけなんです。ただ歩くだけです。しかも、伴奏は鼓と笛だけなんですね。笛を吹くんですが、笛も普通に聞き慣れたメロディではなくて、素人でも吹けるような単純なものです。鼓も、能でやるようなリズミカルな具合ではなくて、ただポン、ポンと音を出すだけです。そういうシンプルさの極限の祭りなんです。ただ、それだけの単純なものですが、それを見た人は感動しますね。私は、この細男というものにシンプルさの極限に神を見るということを如実に感じます。日本古来の非常にシンプルな舞です。それが敵の戦死者を弔うときに舞われたのです。

――敵の戦死者を弔うのですね。

ええ、途絶えていたものを、はじめて復活したんです。なぜ復活したのかというと、そういう敵をも弔うという日本人のすごい考え方を、もう一度再現しようということで、地元の人がやったんです。これは一例ですが、昔から古い神社には、客人神《まろうどがみ》というのがお祀りされているんですね。また客人神だけを祀った神社もあります。これも敵の戦死者を祀っていることが多いのです。

ですから、昔から日本人は、敵の戦死者を祀っていたわけです。そしてこれが本当の世界の平和につながるのだと思うんです。味方の戦死者ばかりを慰霊していたのではいけない。戦死者には敵も味方もないというのが、本当だと思うんです。だから、この放生会の復活には、そういう意味が含まれているんです。そしてこれが本当の世界の平和につながるということで、頑張って復活させた宇佐八幡宮さんはすごいと思います。

――もともと宇佐八幡とこちらの春日大社とは、そういう往来はあったのですか。

特別にはありません。八幡さんで関係があるのは、こちらでは石清水八幡宮です。宇佐の八幡さんをこちらに持ってきてできたお社が石清水八幡宮ですから、そういうつながりはありますが、春日大社とは直接のつながりはありません。つながったのは、細男という舞でつながったんです。細男はいまは春日大社にしか残っていないから、来てくださいということでつながったわけですね。ですから、細男というのは昔はどこでもやっていたのかもしれませんね。

——春日大社さんには神楽《かぐら》や舞楽はじめたくさんの芸能がありますが、そのなかの一つとして細男の舞もあるということですね。

細男は若宮おん祭りだけに奉納されます。毎年、奉納されています。それで春日大社に残っていたんです。だから、春日大社の芸能というのは、シルクロードから入ってきた外国の文化と日本古来の文化を、神さまに奉納するということによって、いままで伝えてきたわけです。それで残っていたんです。人間が楽しむためにやっていたらとっくに消えているんですが、神さまに奉納するということで、ずっと続いてきたんです。

——それにしても、その細男の舞というのはシンプルであり、それでいて圧倒されるわけですね。

きらびやかな装束を着て、すごい技術で舞うというのも素晴らしいと思いますが、シンプルの舞はもっとすごいんです。みんな感動します。何もないんですよ。ただ、パッ、パッと歩くだけです。行ったり来たりするだけです。笛を吹いている人がいる。ヒュッ、ヒュッと吹くだけです。いますぐに誰にでもできそうに思うのですが、それができない。そこがすごいんです。

――歩くとおっしゃいましたが、反閉《へんぱい》というか、大地への祈りとかという歩き方がありますね。ああいうものですか。

いや、そういったものじゃなく、理屈を超えているんです。理屈を言ったらもう細男ではないのですよ（笑）。

――遷座祭とか、何か神さまをお移しする時に感じられる祭りのすごさ、神さまのパワーというのか、宮司がよくおっしゃっているそういうものと通じるようなところがあるのでしょうか。

そうですね。遷座祭をなぜ夜にやるかというと、神の世界というのは闇だからなんです。この宇宙というのは本当は闇の世界なんです。昼の世界というのは、単なる地球の空気の下だけが昼で、あとの九九・九九九九九……パーセントは闇です。神の世界、真実の世界というのは闇なんですね。

だから、いつも言うように、神さまが神の世界を見せるために人間をお生みになったのであって、闇の中の、真実の神の世界を知らせるためには、どうしてもその反対の昼という世界を人間に見させないと、夜が分からない。朝から晩まで夜ばっかりだったら、夜というのは分からないから、すべて神さまというのは、反対の昼というような世界を見せる。そして、真実を知らせようという仕組みになっているわけです。だから夜が真実の世界なのです。

ところで、日本の祭りというのはもともと夜に行われてきました。それが人間の都合で、昼間の祭りに変わってきたけれども、厳然として昔の祭りをやっているのが遷座祭です。夜にやります。そして神さまがお渡りになる。神さまは昼間はお渡りにならないんだから、昼の世界には出ていらっしゃらないということでやっているのが、遷座祭です。そこに本当に神のすごさを感じるんです。

――祭りというのはもともと夜やっていたのですか。

ええ、そうです。それが、夜では人が集まらないとか、大変だという人間の都合で、だんだん昼になってきたんです。本当は祭りは夜に行われてきたのです。

宇宙の時間とわれわれの時間

――そういう意味では、神の時間と人間の時間というか、われわれの時間と宇宙の時間というのは違うんですね。

結局、時間というものは宇宙に存在しないんですね。そういうものが存在すると思うところに間違いが出てくるわけです。時間というのはもともとないんだけれども、それでは人間の生活に不便だから、時間というものを作ろうということで、まず地球が太陽の周りを一回回るのを一年としようと、人間が勝手に作ったわけです。それを十二で割って一カ月にしよう。その一カ月を三十日で割って一日としよう。これを二十四で割って一時間としよう。それを六十で割って一分としよう。これは人間が決めたことです。

だから、合わないでしょう。神さまはそんな人間が考える時間で宇宙を造っておられないから、地球は一年ピッタリで太陽の周りを回らないわけです。そこにずれがあるから、閏年を作ったり、月でも三十日の月、三十一日の月、ときには二月は二十八日にし、閏年は二十九日にする。無理なんですね。もともと時間というものは存在しないのに、人間が作ってあてはめた。それがいま、あって当たり前のように思われている。本来、時間というのは存在しないわけです。そうすると、神の世界の時間と人間の世界の時間というものとは違う、ということが分かっていただけますね。

違いと言えば、たとえば私の人生でもそうなんですが、われわれは理屈では、二点の最短距離は直線であると思っているでしょう。そういうふうに教育を受けていますね。ところが、皆さんご承知のとおり、飛行機で日本からヨーロッパへ行こうと思ったら、まず北へ行くでしょう。北へ行って南へ戻ってくる。そうすると、三角形の二辺が一辺よりも短いということになるんですよ。三角形の一辺を行ったら遠いから、まず北へ行って、南へ行く三角形の二辺を行くわけでしょう。そのほうが速い。

理屈ではそんなことはないでしょう。三角形の二辺が一辺より短いなんていうことはないんだけれども、現実は三角形の二辺のほうが一辺よりも短い。というのは、球だからです。地球が球体だから、円周を行くと遠くなる。それよりも、平面で三角形の二辺を行ったほうが短い。ですから、三角形の二辺は一辺よりも長いという考え方は間違ってくるんです。それには「平面で」という条件が付くわけです。

それと同じで、たとえば私が春日大社の宮司になる。この宮司になるいちばんの最短距離は、国学院とか皇学館という神職の専門学校を出て、そのまま春日大社に勤めたら、藤原氏の直系ということもあり、恐らく三十年くらい勤めたら、宮司になったはずです。しかしこれは人間の頭が考えるいちばんの最短距離ということです。

しかし、実際は、私は遠回りも遠回りして、医者をさんざんやって春日大社の宮司として来たでしょう。これが神さまのお考えになるいちばん短い時間なんです。つまりわれわれが考えている時間と神の時間というのは違うんです。理屈でこの道を行ったらいちばん

二ノ鳥居と世界遺産記念碑（撮影・宝田 昇）

短いだろうと考える道は、必ずしも正しくないのです。

また、何度もお話しておりますが、大阪に私の病院があるんですね。その前に細い道路が通っている。それが、前の大きな道に通じている。その大きな道を通って駅からたくさんの車が流れて来る。その先が交差点になっているんです。そこが混雑するんです。いつも渋滞する。渋滞しているから、病院の前の細い道を通り抜けて行こうとする。ここを抜けて行ったら、渋滞しているところを通らないで先に行けるだろうと考える。ところが、この細い道の出口は一方通行で右折禁止で、左にしか曲がれないんです。ここを通ったら反対側へ行って逆に遠のいてしまう。これを見て、私はいつも人間が理屈で考えるとどうなるか、ということを思ってしまうんです（笑）。

大通りは神さまが考えている最短距離です。ところが、人間が考える最短距離を行くと逆へ行ってしまうんですね。これは本当にまさに神のお導きのよい見本だなと思うんです。細い道を来た車は、まさかここが右折禁止とは思わないでしょう。細い道を来て、右へ行こうと思うと行けなくて、反対の方向、左へ行ってしまう。自分は右へ行こうと思っているのに。これが人生ですよ。

――なるほど。

だから、神に沿って行きなさい。それがいちばんの最短距離です。我欲を出すなと言っているんです。

大学受験でも、まず全力をあげて勉強なさい。どこの大学に入ろうとも、神さまにお任せしなさい。それがいちばんの最短距離、自分に与えられた最高の道である、こう言っているんです。自分であれやこれやとあの大学がいちばんいいとか思っていても、それが逆になってしまうということがあるから、素直に神さまに従いなさい、と。

ですから、神さまの時間に沿って生きるのがいちばん短い確実な道なんです。エスカレーターでも、その何秒かが待ち切れなくて、エスカレーターを駆け上がっていく人たちがいる。それが最短距離だと思うかもしれないけれども、逆なんですね。あれは乗っている人を上に上げるというのが目的の機械です。その機械を駆け上がったら神のこころに反するわけでしょう。そうしたらその結果がどうなるかということです。あるいはエレベーターに乗って、エレベーターのボタンを押せば、自動的にドアが閉まってその階まで上っていくという仕組みでしょう。それなのに、すぐ「閉じる」というボタンを日本人は押す。その何秒間が待てない。それは早くしたつもりだけれども逆ですよと言うんです。

車でも、一台でも多く追い抜いて、少しでも早く行ったらいいと思うけれども、それは逆なんですね。私が前に阪神高速の環状線で、暴走車が私の車に突っ込んできて、あわや三センチのところで命拾いをしたときもそうなんです。渋滞をしていたんです。その時もう一台待って「どうぞ」と言えば、ぶつかっていなかったんです。ところが、私がその間に入ってしまった。そうすると、ものの見事に暴走族がぶつかってくる。だから、急いだらこうなるんですね。急ぐことが下手をすれば命を失うということになるでしょう。

——急がば回れと言いますね。

ええ、急がば回れというのは本当のことなんです。私などは回りすぎてしまって、そしてとうとう春日大社に来てしまった(笑)。ここへ来たのが六十七歳です。六十七年間ほかを回ってしまった。なんと無駄な人生と思うけれども、これがいちばん最短で、確実に春日の宮司になる神さまの時間と道だったんですね。

——ところで今度、「すばる」という天体望遠鏡がハワイの山頂にできて、そこからのぞいてみると、いままで見えなかったものが見えてきたという話を聞きました。滅んでしまった星の輝きをいまわれわれが見ているとか、そういう話がたくさんあります。文字どおり星の寿命ですが、そういう大宇宙に流れる時と、われわれの寿命というのは、本当に違いますね。

それはもう次元が違いますね。たとえば光の速度にして百億年とか、一千億年かかる星というのを見ているわけでしょう。そして、もとの星は消えてしまっても、光だけが飛んでいる。もう、その光を発した星はないんですね。しかし、その光を通して滅んだ星をわれわれは見ている。だから、存在しないものを見ているわけですね。

――われわれは存在しないものを見ていると。

ええ。だから、大宇宙の時間とわれわれの考えているものとは違うのです。われわれはこの地球のわずかなところで見ているから、存在しないものが見えるはずがないと言うけれども、現にわれわれは消えて存在しない星を見ているでしょう。光だけが存在する。これが宇宙の時間であり、常識なんですね。

ですから、存在しないものは見えないというのはうそなんです。広い大宇宙の常識では、見えないものでも見えるわけでしょう。光だけが飛んでいるというのは、われわれは考えられませんね。光というのは一瞬に地球を七回り半するというけれども、その光でも何億年かかるということは実感として考えられないでしょう。

――そうですね。

その星が消えてから何億年もその光がある。そういうスケールの大きな世界というのは普通では考えられない。けれど厳然としてある。そうすると、人間の理屈なんていうのは、ちゃちなんていう生やさしいものではないですね。そんなもので、いいとか悪いとか、正しいとか正しくないとかと言っているほうがおかしいんです。そういうことでしょう。

ですから、目をもうちょっと大きく見開いて、この宇宙の真実の姿を見てください、ということですね。存在しないものは見えない。科学で証明されないから信じない。冗談を言ってはいけない。現に存在しないものが見えているではないですか。そういうことを言いたいんです。

祖先とつながるいのち

――ちなみに、ビッグバンというのはどうなっているのでしょうか。

ビッグバンというのはすごいことであって、われわれの常識では、ゼロは無限大を掛けてもゼロと習っているでしょう。これが正しいと思っていますが、神さまは違うんです。ゼロを一にする。これがビッグバンなのです。ここに原子というものが誕生したわけです。そうして無の世界からものの有の世界ができ、膨張して宇宙となった。このために膨大なエネルギーの爆発を必要としたといわれています。それが百五十億年前のことです。それより前は無の世界だったわけです。ですから、そこがゼロだったわけです。

インドの哲学者が言うには、「〇」を示して、これはゼロである。これは無限大を掛けてもゼロである。ところが、楕円形「0」のゼロは一になる可能性を含んだゼロである。これは無ではなくて、無限の神秘を含んだゼロである。これが爆発すると一になると言っています。これが真実なんです。ですから、これが命の誕生なんです。命が誕生し、命がよみがえるときは必ず爆発が必要なんです。太陽が爆発してはじめて地球が飛び出すわけです。何でも命がよみがえるときには爆発が必要なのです。

お産でもそうです。生まれるときには陣痛が起こるでしょう。あれは爆発ですね。爆発がなければ赤ちゃんは生まれてこないんですね。われわれの体の中でも、新陳代謝をやって命がよみがえっているでしょう。これにはものすごいエネルギーの爆発が必要です。だから、われわれはご飯を食べて、酸素を吸って、これを燃やしてエネルギーを爆発させているのです。そして、命というのは続いているわけです。新陳代謝というのは新しい生命の誕生です。これには必ず膨大なエネルギーの爆発が必要です。

これが真実の世界です。こういうのが本当の世界です。ゼロから一になるというのが神の世界です。だから、目に見えないものは信じないとか、科学で証明されないから信じないとか、そういうことは間違っています。

ですから当然のことながら、祖先のあの世は存在しないなどというのは、間違っています。無の世界というのがあって、そこから命がよみがえってくるし、あの世の世界というのはあるわけです。生命というのはそこから出てくる。それで、祖先の祭りというのはさかんにしなさいと言っているわけです。

私は博士号を取るその研究で知ったのですが、傷がどうやって治るのかというと、命のよみがえりで傷というのは治っていくわけです。だから、いつも話しているように、どうやって治るのかといったら、祖先の生きている姿とわれわれの生きている姿が循環でつながっている。そういうことをはじめて顕微鏡で見たわけです。それでびっくりしてしまいました。祖先とつながらなければ、われわれは生きていけない。この本当のことを知ったのです。

ですから、医者になりたての若い時、指導教授から、傷がどうやって治るのかというテーマをもらったのはまさに導きだと思うんですね。なぜ私はそんなテーマをもらったのか。世界の医者はだれも知らなかった。しかし、それを顕微鏡で見てびっくり仰天してしまった。病気がどうやって治るのか。祖先の生きる仕組みがなければ治らないということが、そのテーマを研究することによって分かったわけです。

――その祖先とつながっているというところを、もう少しお話しいただけますか。

およそ三十八億年前に地球上に生物が誕生したわけでしょう。そして、その時からずっと生き続けてきたわけですが、もともとこの地球という惑星全体には炭酸ガスしかなかったといわれています。周りは全部炭酸ガスで、そんな環境の中に生きている生物にとって、酸素は逆にマイナスです。そういう世界です。ですから、酸素を使わないで生物はおよそ二十五億年ぐらい生きてきたわけです。これははっきりしませんが、だいたいこれぐらいは酸素なしで生きてきたと言われています。

そして、だんだん水のなかに葉緑素を持った藻ができてきて、これが太陽の光にあたって光合成で酸素を作っていった。しかし、まだ大気中には酸素がない。酸素がなくて生活していた。どういうことかというと、いまでいう発酵です。これで生きてきた。これは酸素を使わないでエネルギーを出す方法です。これでずっと生きていたわけです。

そうやって発酵で生きているうち環境が変化し、だんだん酸素が海のなかに充満して、それが大気に出ていく。いまからだいたい十億年ぐらい前に、空気というもので地球が包まれ始めます。しかし、これでもまだ生物は陸に上がれません。

ここで空気中の酸素に太陽光があたって、オゾン層というものができます。空気のいちばん外側にオゾン層ができる。いまでもありますね。これで太陽の紫外線を防いだわけです。これにより地球上が温暖化してきて、生物が住めるようになって、やっといまから五億年ぐらい前にはじめて地上に生物が上がったわけです。だから、酸素で生きるようになったのはそこからです。それまでは発酵でやっていたんです。

――発酵で生きてきたと。

そうです。そして、たとえば指を切って傷口が開くとするでしょう。これがどうやってくっついて治っていくのか。私はこれを研究したんです。けがをすると、この傷の周りにグリコーゲンというものがいっせいに集まってきます。これはどこから来るかというと、肝臓のなかにあります。肝臓のなかにグリコーゲンが蓄えられてあって、それが出てくるわけです。そして次に、その傷を治す作用が始まります。なぜこんなことになるのかというと、全身にはたくさん毛細血管という血管が通っています。指に傷をするでしょう。そうすると血が出る。血が止まらなかったら、われわれは死んでしまいますからね。

つまり、この傷の周りのAならAという場所の、血管が全部ギューッと縮んでしまう。そして血液を止める。そうすると、酸素がこなくなってしまうでしょう。ですから、そのままではここは死んで腐ってしまいます。その時に、集まってきたグリコーゲンによって、酸素を使わないで発酵をする回路に切り替わって生き続けるのです。そしてその間に傷を治していくわけです。ある程度治ったら、また酸素で生きる回路に変わる。

ところで、普段われわれはどうやって生きているのかというと、食べたものを消化し、それをグリコーゲンとして全部肝臓で貯えている。そしてエネルギーが必要なときに、これを糖に換え、この糖を呼吸の酸素で燃やしてエネルギーに換える。これで生きているわけです。

ところが傷を治すときは、酸素を使わない発酵でエネルギーを出すんです。グリコーゲンが糖になる。酸素を使わない。これが祖先の生き方なんですね。だから、祖先の生き方というのはいまわれわれが生きていることとつながっています。つながっていないと生きられない。いまのわれわれだけでは糖が出てこない。グリコーゲンが糖を作ってくれなければいけない。それは酸素なしの発酵で作るわけです。

これで私は博士号を得たのですが、これをはじめて見たときには本当にびっくりしました。ですから、病気が治るといっても、祖先の生き方とつながらない人は治らない。これは宗教で言っているのではなくて、現実にそうなんです。人は祖先の働きによって生かされているんです。

祖先供養というものも、宗教だけのことではないんです。日々の生活の中でこれをやってきたのが日本人でしょう。日本人は昔から祖先を氏神さまとして祀り、こうして生きていられるのはご先祖さまのおかげと、感謝してきたのです。

死者の幸せをかんがえる

——話はちょっと変わりますが、一般にご先祖さまというと死者の世界、あの世というふうにいいますね。それと宇宙にブラックホールというのがありますが、それが死の世界と呼ばれることもあるようですが、何か関連性はあるのでしょうか。

あれはどういう世界でしょうかね。あれはわれわれの地球とはまた違う世界ですね。あのなかに入ったら、永久に出てこないという世界でしょう。私はよく知りませんが、そういう世界というのがあるんだと思うんですね。いわば地獄ですね。よく地獄・極楽というけれども、祖先に極楽に行っていただければ、これでまたよみがえって帰ってこられる。しかし、いわゆる地獄の世界に行ったら永遠に戻ってこない。私はそういう世界だと思うんです。

いま、臓器移植などがさかんに脚光を浴び、行われていますが、このいまの医学というのは、生きる人だけを対象にやっている医学で、死者の幸せということをまったく考えていないものです。

——死者の幸せですか。

ええ。いま、脳死で脳の機能がなくなったから死であるから、死体から何を取ってもいい。こういうことで取って、人を助けると言うけれども、それでは取られた人はどうなるのかと言いたいんです。死んでいく人はどうなるのか。その死というのはいったい、どういう意味を持っていて、どんなふうに人は本当に死んでいけるのか。

こういうことをまったく考えていないでしょう。それが分からないで、ただ脳の機能がなくなったら死なんだから、勝手に肉体から臓器を取ってもいいなどというのは、そういうのは神を冒瀆するのもはなはだしい行為だと私は思っています。

新しい生命が誕生する。赤ちゃんが生まれてくるのに母親の胎内で十月十日《とつきとうか》かかって、五体が揃ったところで生まれてくる。生と死は循環だから、その逆を行くのが死だと思うんですね。だから、死ぬのも一年ぐらいかかると思います。昔の人はそのことをちゃんと知っていたから、死んでから神道なら十日祭・五十日祭・一年祭とやるでしょう。その人があの世へ行って浮かばれるようにやったわけです。

ところがいまは、そうではない。あの世に行けない人はどうなるのか。あの世にも行けず、この世にも生きられないという中間で迷う世界があるんだと思うんです。それがブラックホールではないかと思いますね。あの世にも行けない。この世にも帰ってこられない。それが幽霊ですね。迷っている。地獄だと思うんですね。それで、はたして生きている人が幸せになれるかということです。

ですから、私は手術でも、かけらも人体の組織を捨てない。どうしても捨てなければならないときは、その組織を捨てないで、アルコールか何かの壜に詰めて、その家族に渡す時、充分にお祈りをして清らかな土のなかに感謝の心でもって埋め戻してくださいと、こう言ってきました。

たとえガンの組織であっても、これはもともとあなたの組織なんだから、いままで働いてくれた組織なんだから、こういうものをいらないからと見捨てて、残った体が健康になるかということです。私はそうではないと思います。ですから、そういう組織もちゃんとお祀りし、感謝の念で接してあげてはじめて健康になると思うんです。私はほとんど組織は切らないけれども、切ったときには全部そうやってやってもらっていました。

ましてや、脳が死んだからといって、肉体から組織を取ってしまって、その人が浮かばれるかどうかということです。

もともと脳死なんていうのは存在しないんです。これは人工呼吸器という機械ができたから生じた状態でしょう。普通は、脳が死んだときには当然、肉体も死ぬんです。そして、そのままあの世へ行くんですが、人間が行かさない。脳が死んでも呼吸させる。これは脳死の人にとっては地獄ではないでしょうか。

——実際に病気で瀕死の状態でベッドに横たわって寝たきりの人などを見ていると、病人の立場からすると、いままさしく宮司がおっしゃったように、本当に植物状態で生かされてしまっていますね。ある意味では苦痛だし、何をされているか分からないですね。

それは、この前も言いましたが、あるお医者さんが自分で体験して、あれは地獄である。医者は助けているつもりだけれども、その本人にとっては地獄である。自分が集中治療室へ入れられて初めて味わったと、そう言っています。

交通事故か何かで集中治療室に入れられて、鼻から口から管を入れられて、手を縛られて点滴された。しかし、意識だけはある。もうどうにもならない。しゃべることも動くこともできない。そうすると、看護婦や医者が鬼に見えた。まさに地獄だと言っています。旦那さんが病気になって、奥さんが看病して、いままで話ができなかったことをいろいろ夫婦で話をしている。それなのに、若い医者がそんなことをしたのでは長生きしないかもしれないけれども、奥さんとは切り離されてしまった。そのために何日かは長く生きたかもしれないけれども、奥さんとは切り離されてしまったわけでしょう。奥さんが嘆き悲しんで、最後まで自分に看病させてほしかったと言った。それをある医学部の教授が見て、当たり前だ、これが医学かと書いていました。

私もそうだと思うんです。何日間か地獄のような状態で生きながらえさせるのが医学なのか。たとえ二、三日早く死んでも、最後まで夫婦で話をさせて、満足してあの世へ行かせてあげるのが本当の医学ではないのか。何でも医者の立場だけで物事を考えるから医学は間違ってくるんです。

不易流行ということ

――ところで、時間はわれわれの常識では、今日、明日と直線的に進んでいくと思っていますが、しかし、お祭りというのは、時間という点から見ると、宮司もおっしゃっているように、繰り返しですね。

時間というものを超えているんです。祭りには時間というものが存在しないわけです。ただ神さまをお悦ばせしようということです。ただそれだけなんですね。そして、繰り返しのなかに命が通じていくという原理です。そのことをやっているのが祭りなんですね。

ですから、時間というのはまったくそのなかでは存在しないわけです。ただひたすら神さまをお悦ばせしよう。おいしいお供えをし、祝詞《のりと》でほめたたえ、歌でほめたたえ、巫女《みこ》の神楽でお悦ばせする。ただそれだけです。

神さまに悦んでいただければ、あとは全部神さまがしてくださるというのが、日本人の祭りの考え方でしょう。それも奈良時代から同じことを繰り返しているんです。簡単なことを繰り返している。それによって命が続いてきているわけでしょう。あれが複雑な仕組みでやっていたら続いていませんね。

ずっと同じなんですね。まずお祓いをして、お供えをして、宮司が祝詞をあげて、あとは巫女が神楽を舞って、今度はお供えものを撤饌《てっせん》といって下げる。それだけです。奈良時代から同じことをやっています。それがいまだに続いていています。ですから、命というのは繰り返し、新陳代謝です。

それしか命を伝える方法がないから、ただおなじことを繰り返している。神さまをお悦ばせすることだけを繰り返しているんですね。まさにシンプルなんですね。それが命を伝える本当の姿ですから、それをやっているのが祭りです。

――いろいろなお祭りがあるけれども、やっていること自体としては、非常にシンプルな繰り返しであると。

そうです。シンプルさの繰り返しによって命というのは伝わるわけですからね。命が伝わるのに複雑なんていうのはないんです。シンプルなところに命というのは伝わっていく。命というのはシンプルの繰り返しだけです。それ以外にはない。

――そういうお祭りのパワーというのはすごいものですね。こちらでも六十何カ所もある神社で一年中、全部あわせれば二日に一度はお祭りをされているというお話でしたね。

ええ。それを奈良時代から千何百年続けているんです。そのパワーですね。二十年ごとの式年造替については、非常に多くの方々のお力添えがなければできないことです。今回、無事五十九回目を済ませましたが、祖先だって苦しいときがいっぱいあったと思うんです。しかし、一回も休まずに続けてきたという祖先の努力のすごさということですね。

応仁の乱のときでもやっているんです。どうやってやったかということですね。京都が戦乱で、式年造替どころではないでしょう。それでもやっているんですから、この続けるという日本人の力というか、このすごさは何でしょうね。これは世界でもまれだと思うんですね。だから、聡明な外国人が日本人が世界を救うと言っているわけです。私ももちろん、日本人には世界を救うだけのパワーがあると信じています。

――持続することのすごさということですね。それによって命が続いてきたのですね。

世間でいう不易流行《ふえきりゅうこう》という言葉が、命が伝わる姿なんです。だから、いつもお話をするように、三十八億年前に生物が誕生して、どうして三十八億年も命が続いたかというと、それはただ一つの方法であって、親の遺伝子を子に伝える。命が伝わるというのはただその方法だけです。それが新陳代謝、いわゆる子が親の遺伝子を受け継ぐ、親が子に自分の遺伝子を伝えるということで、命が伝わってきたんですね。

それは百パーセント子供に命を伝えるいい方法なんだけれども、そうすると親と同じ子供ばかり生まれてしまって、この地球上にすごい環境の変化があったとき、一匹死んだら全部死んでしまう。そして種族が絶えてしまうということになる。ところが本来は種族の命を伝えて進化しようというのが、神さまが生物に与えた使命なんだから、進化するためにはどうしても違った子供を残さなければいけない。

環境に耐え抜いて生き抜くことによって、はじめて進化というのは起こる。ということは、環境の変化に順応するということ、自分の体を変えるということですね。それによって進化というのはできていく。神さまが伝えたのはそういう進化ですから、環境によって自分の体を変えていくということですね。一方では遺伝子を子に伝えながら、片方で環境の変化によって順応して自分の体を変えていく。この二つをやっているのが進化ということです。

そうすると、片方では続けるということと変わっていくという、まったく矛盾したことを同時に行うのが進化ですね。それによって生命が伝わるわけでしょう。これが不易流行という言葉の意味なんですね。それによって進化して、神さまに少しずつ近づいていくのです。

ですから、不易ばかりで昔のものをそのまま伝えただけでは滅びてしまう。そこに流行、ときによってある程度順応して自分を変えていかないと、進化しないということなんです。ですから、私が春日大社へ来ていちばん最初に、この大社はつぶれるぞと言ったんです。ここは不易だけでやっていた。昔の伝統をあくまでも維持しようとしていたんです。いまは地球の環境がすごく変わってきているでしょう。世界がこんなにも急激に変わることはいままでありませんでした。そして日本はいま、始まって以来の環境の変化の中にあります。神社といえども、これに順応していかなければ滅びる。だから、流行をやらなければいけないと言い続けています。祭りというのは、原点に返って、厳格に古式どおりやる。一方、ほかのことは、時代に応じて順応して変えていく。そういうことでなければならないということで、いろいろ改革をやっているのです。

ところが、それに気が付いていない神社もあります。ただ昔のことだけ守ればいいと思っている人がいますね。そうすると、どんなに格式のある神社といえども、だんだん落ちぶれるほうに進んでいく。ですから、不易流行というのはそういうことです。逆に、不易をやらないで、流行だけで変わるというのは変化です。変化だけでも滅びるんです。そこに伝統を伝えつつ変わるという矛盾したことをやるのが進化であり、これをやらなくてはいけないのです。

いまの日本は歴史と伝統を捨てて、アメリカのものを持ってきて変化だけしたわけです。だから、いまのような国になってしまったんですね。そうではなくて、伝統を伝えながら時代に順応していかなければいけないんです。これをまったくやっていない。だから、滅びると言っているんです。感謝しないと滅びると言っているわけです。もう変化するのはいいんです。今度は不易をやらなければいけない。伝統を伝えることです。流行ばかりだったら、本当に滅びてしまうでしょう。

――人間が何をするかというと、古典的なことばに真善美というのがありますね。神の姿が真実の美ですから、日本人が古来から求めてきた神の姿というのは、みんなシンプルさの極限に神の美が存在するということです。それをやっているのが神社です。そういう神の極限の美を表そうという発想のすごさですね。

いまそれをやれと言われてもやれません。いまの人間にシンプルさのなかで表現してみろと言っても、できないですね。けれど祖先はそれをやってきたわけでしょう。それをわれわれは受け継いでいるだけのことです。どうやって神を表すかということです。これが本当の美ということですね。

外国の美というのは、外をいろいろなもので飾って美しさを出そうという考えですが、日本人はそうではなくて、なかから輝き出すわけです。なかに神の姿を見せて、本当の美というものがそこに出てくるということなんですね。

たとえば神の美というのは、夜空に輝く星のようなものです。真っ暗な空には星がただキラキラ輝いている。これをみんな美しいと思うでしょう。飾りも何にもない。そこに神の美というのは存在するんです。美というのはそういうものなのです。

第二章　日本語について

本当の日本語

——宮司はつねづね、「日本語の素晴らしさ」ということをおっしゃっていますね。

ええ。それは何かというと、いつも言っているように、神さまは、神の世界を人間に見させて、それをこういう素晴らしい世界だと表現させるために、人間に言葉を与えられたと思うんです。ですから、言葉というのは、自分の意思を伝えるためのものではなくて、神のお姿を表現するためのものだと思います。そして人間にどういう言葉を与えたのかというと、「あいうえお」と「ん」しかない。人類はすべて「あいうえお」と「ん」以外の言葉は言えないんです。この「あいうえお」と「ん」だけで、すべて神の世界を表現させようというのが、人間の言葉だと思うのです。

どういうことかといいますと、たとえば英語で「アイ・ラブ・ユー」と言いますが、「アイ」は「あ」と「い」でしょう。「ラ」というのは「ら」という発音に「ぁ」がついたものです。「ブ」の生み字が「う」です。「ユー」の生み字は「う」です。つまり「あ」「い」「あ」「う」「う」でできています。これをいかに変化させるかによって言葉を作ろうというのが、本来の人間の言葉だと思うんですね。しかし英語はＡＢＣをつなげて単語というものを作って、そして表現しようとするでしょう。ですから、「I」という単語と「LOVE」という単語と「YOU」という単語で表現しようとしています。英語にはABCからZまで、いろいろありますが、このアルファベット一つひとつには意味がない。今言ったようにこれをつなげて単語にして伝えようというのが外国語です。それに対し、「あ」「い」「う」「え」「お」「ん」の言葉一つひとつで意味を表そうというのが日本語です。ですから、言葉の原点は日本語ということになります。

日本ではおそらく縄文時代まではこれで話していたと思うんです。ところが、弥生時代になって中国から漢字が入ってきてから、日本語が外国語になってしまったんです。つまり英語のように日本語も単語化してしまった。これが日本語がおかしくなった理由だと思います。電話では今でもよく「ええ」と言うでしょう。いまの日本人も自分で意識しないでやっていますが、「ええ」というのは「はい」という意味です。それが「ええっ？」と言ったら、何ですかという意味でしょう。「ええーっ！」と言ったら驚いたという意味になる。「え」一つの変化でその意味を伝えるというのが、日本語なんですね。

ところで、もともとの日本語には文字がなかったといわれておりまして、発音の微妙な違いで意味の違いを表わしていたといわれています。例えばカミ（神、紙、髪、上）、カキ（柿、垣、牡蠣）、ウミ（海、生み、膿）など、たくさんありますね。これらはみんな同じ読み方ですが、これを発音でどのように意味を区別するのか。これを昔の人ははっきりと分けていたのですが、今の日本人はこれが分からず、発音できなくなってしまいました。この話をしていましたら、幼稚園になる私の孫に、「遊びにいくコウエン（公園）と、おじいちゃまのコウエン（講演）とどうちがうの？」と聞かれたのでびっくりしました（笑）。小さな女の子が疑問に思うほど、日本語には同音異義語というのが非常に多いんですね。

それで、本来は発音の違いで意味の違いを表わしていたものが、漢字を借りて日本語を表わすようになり、それに慣れてくると、今度は漢字の意味の方を人々は考えるようになってしまった。そのために、発音の違いに少しずつ無頓着になって、現在のように、聞いただけではどっちの意味か迷うようなことが起きてきたのです。つまり、これは本来の日本語を忘れてしまったということです。

しかしながら、昔からの日本語がそのまま伝わっているものの一つとして、春日大社の神楽歌があります。それはどのようなものなのかと言うと、たとえば「皇神《すめがみ》」という神楽歌をご神前で奉納するのですが、外国人の考えだったら、簡単にすらすらっと「すめがみの」と唱えそうなものです。

ところが日本人の発想は違うんです。「す」というのは「ス」という発音に「ウ」が付いたものが「す」なんです。だから、最初だけは「す」なんですが、それから「う」になります。「すーうーうーう」と伸ばし、抑揚をつけて歌うのですが、本来、これで意味を表しているわけです。これが日本語なんです。ですから、「す」の発音の変化でいろいろな意味を表す。しかし、いまの日本人には分かりませんね。でも、神さまにはお分かりいただけるから、昔のとおり奉納しているわけです。

「すめ」とは絶対に歌わない。「すーうーうーめー」となるのですが、次の「メ」に「ェ」が付いたものが「め」でしょう。今度は「え」になるんです。「めーえーえーえ」となるんです。そして、「が」というのはカタカナの「グワ」という発音に「ア」がついたものです。ですから、「う」「え」「あ」しかないんです。この変化によってさまざまに表現するのが、本当の日本語です。ですから、歌でも西洋の歌と日本の歌は違います。西洋の歌は、メロディと歌が別々ですから、メロディだけでも曲になります。しかし、日本の歌は、本来言葉に節が付いたものですから、言葉を離れたメロディというものはないのです。

以前、「君が代」の歌が法律で国歌として認めるか否かということが国会で論議され、それについていろいろな人がいろんな解釈をして賛成・反対と物議をかもしていました。例えば、君は天皇を表わす言葉であるとか、あるいは君というのは、あなたという言葉であるとかですね。しかしこれらは「君」という漢字を解釈するから間違ってしまうのです。

君というのは、玉子の「黄身」と同じ意味です。他に譬《たと》えていうなら、神の「か」というのは、おかあさんの「か」であり、これは宇宙の神の素晴らしい命が含まれているという意味であり、そして「み」とは、満ちるのことです。つまり「か・み」とは、偉大なる神の知恵が満ち溢れた素晴らしさという敬語です。これと同じように、「き・み」も玉子の「黄身」と同じであって、「き」は「気」と同じくわれわれを生かす偉大なる神の「き」であり、「み」は、満ち満ちたという意味ですから、神さまの偉大なる「き」は、百五十億年の昔から宇宙に満ち満ちており、それによって全てのものが作られ、生かされているということです。そういう神の真実の世界は、素晴らしく永遠に続くということを、平安時代の昔から歌った歌であって、これは戦争とは全く関係のない、賛成も反対もない、真実の世界を述べた歌であると、私は解釈しています。

でも残念ながら、弥生時代に入ってきた漢字のために、日本本来の日本語に漢字を当てはめて文を書くようになってから、もともとの日本語が分からなくなってしまったんですね。本来は漢字ではなくて、もとの「あ」「い」「う」「え」「お」と「ん」の並びと音の抑揚によって意味を表していたのです。

神の姿を表わす言葉

ですから『大祓詞《おおはらえことば》』も、「高天原にかむずまります」という最初の一節は、「高い天の原」というのではなくて、「たーぁ」、「かーぁ」、「まーぁ」、「のーぉ」、「はーぁ」、「らーぁ」で、「あ・あ・あ・お・あ・あ」で神の言葉を表そうとしていたのが「大祓詞」だと思うのです。決して漢字でややこしくしているのではない。それがもともとの日本語だったと私は考えるのです。これが本来、神さまが人間に与えた言葉なんです。それをやっていたのが日本人です。おそらく縄文時代までは、これでしゃべっていたのだと思うんです。そこに漢字を当てはめて書いたのが『古事記』です。だから、『古事記』は漢字の意味を訳しただけでは意味が分からない。そのもとの日本語を言わなければ分からないわけです。

日本語に漢字をあてはめて作ったのが『古事記』ですから、わずかにもとの日本語が残っているでしょう。伊邪那岐命《いざなぎのみこと》、伊邪那美命《いざなみのみこと》は、自分のことを「あ」と言っているでしょう。それに「吾」という字をあてはめているわけです。そして、伊邪那岐命が伊邪那美命に「あなた」と言う場合に、「な」と言っています。そして、「汝」という字をあてはめています。これはあくまでも漢字をあてはめただけであって、日本語は「わたし」というのは「あ」であり、「あなた」というのは「な」なんです。この一言で表していたわけです。それをわずかに『古事記』では原形をとどめていますが、もとはそのとおりだと思うんです。ところが、だんだん後になると、それが分からなくなってしまって、漢字を読むようになってしまったわけでしょう。そこで、本当の『古事記』の意味が分からなくなってしまったのだと思います。

ですから、神さまが人間に与えた本来の言葉そのものでしゃべっていた日本語というのは素晴らしい。だから日本人というのはすごいのです。たとえば、森の静けさを示すのに、「森が静かだな」というのは、人間の言葉、我《が》の言葉なんです。神さまから与えられた言葉とは違うんです。神さまはそういう言葉は与えておられない。静けさを表すのも、本来「あ」「い」「う」「え」「お」「ん」だけで表現しています。それを漢字が入ってしまったものだから、しかたがないから、「古池や　かわず飛び込む　水の音」というふうに言うわけです。あれは、決して古池とか、かわずとか、そういう単語の羅列ではない。「古池や　かわず飛び込む　水の音」という言葉全体で、森のシーンとしたところに古池があって、そこにカエルがチョボンと飛び込んだ。池の水面に輪が広がった。それで、森の静けさというのを表しているわけです。静けさと言わずに静けさを示すこのすごさですね。これが日本語なんです。英語のように直接的に書くと心が出てこない。これを短い言葉の中に森の静けさを表わそうとしているのが、本来の日本語なんです。これを全部忘れてしまって、外国と同じ言葉になってしまったわけでしょう。日本語が乱れるのは当たり前です。

言葉というのは何度もいいますが、いわゆる神の心を表現するものなんです。人間の意思を伝えるものではまったくない。神の心を形に表したのが文字なんです。ところが、いまの文字というのは、そういう心は全然ないでしょう。人間の知識だけが伝わってくるという文字に変わってしまった。

ですから、いまでもたとえば本当の自分の心を伝えたかったら、同じ字でも、ワープロではなくて、肉筆の字で書く。とくに墨で書いた字というのは、本当に心が伝わるわけでしょう。年賀状でも、肉筆で「新年おめでとうございます」と書くのと、ワープロで打つのとでは、同じ字なんだけれども、違うんです。そこに、字というのは心を伝えるものであるという本来の意味が、すこしは残っているわけでしょう。そういう心、言葉、文字というのは、すべて神さまのお心を表現するものだと思います。

――言葉というのは、神さまを表現するものなんですね。

ええ、その通りです。私はこのあいだ宮中の歌会始めにはじめて参列させていただいたのですが、その時、本当に天皇のすごさというものをありありと感じたのです。宇宙には音というものが存在しないから、音のない世界というのは神の世界なんですね。そうすると、天皇がいらっしゃって、広間にたくさん人がいるんだけれども、何とも言えない静けさなんです。咳ばらい一つする人もいない。してはいけないというのではないんですが、天皇の威厳というか、そういうものに咳ばらいも出ないという静けさです。

そこで歌が歌われるのですが、たとえば「天の原　ふりさけ見れば春日なる　みかさの山にいでし月かも」というのがありますね。これも普通にわれわれが歌うのなら、「天の原ふりさけみれば」とすらすらと歌うでしょう。ところが違うんです。天皇は神の世界をそこに表現される方なんですから、その静けさのなかに音が出るわけです。いつも言うように、闇の神の世界を見せるためには、どうしても反対の昼という世界を人間に見させないと夜の世界が分からないわけですから、ここでは静けさのなかにまさに歌という音が出る。

そうすると、シーンと静かなところに、「あまのはらあー」と歌われて、あとは再びシーンと静寂になる。そしてまた再び、シーンとなったところにパッと歌が出ることで、その静けさがなおさら静けさになっていくんです。これは本当に神の世界を表わしている方だとつくづく思いました。

だれも動いていけないとは言わないんです。だけど、動けない。直立不動です。終わったときには最敬礼をして出てきました。やはり天皇の前に出ると、その威厳に押されてそうなるんですね。天皇のすごさというのを目の当たりに見せられました。

ちなみに、この歌会始めというのは、いまは全国から歌を募集して、そのなかからすぐれた歌を歌うという仕組みになっていますが、それは本来ではないと思うんです。元々は歌を通じて本当の神の姿を示される神事がその出発点ではないかと思います。

ですから、すべては神の姿を表すために、神が与えられたものなんです。五感というのはすべてそうです。言葉も神の世界を表現するために与えられたものなんです。要するに神の心ですね。それには「あ」「い」「う」「え」「お」と「ん」しかない。その変化によって神の世界を表現するというのが、神さまが人間に与えた真実の言葉なんです。

日本人がなぜそういう日本語をしゃべれるようになったかというと、結局、この気候風土のおかげだと思うのです。この日本列島という狭いところで、雨が多くて、水がきれいで、緑が多くて、気候が温暖で春夏秋冬の四季の変化がはっきりしているこの土地に何万年も住んでいるうちに、日本人というのができたわけでしょう。

そうすると、言葉というのは、顔の筋肉と、口のなかの口腔の動きと反響で出てくる音ですから、日本語がしゃべれるように顔面が進化してきたわけです。英語をしゃべるよう

春日若宮おん祭・お旅所祭　祝詞奏上（撮影・宝田　昇）

にはできていない。素晴らしい気候風土に順応して、こういう日本語をしゃべるような顔になってきたわけです。やはり神さまの導きによって、本来の神さまの言葉である「あ」「い」「う」「え」「お」「ん」をしゃべる日本人という民族が出てきたと思うんです。英国人は英語をしゃべるように顔ができているのに対して、日本人は決して英語をしゃべるようにはできていない。

そういうことを考えると、日本人はなぜこんな顔をしているのかということなんですね。同じ人間でも、場所が違って何万年も住むと、まったく別の人種に変わってくる。それが進化ですね。だから、日本人は日本語をしゃべる顔になってきた。日本人というのは、鼻が低くて平べったくて、顎が発達している。こういうのは日本語をしゃべるために変化したものでしょう。

そういうことを十分に知らないから、小学校で英語を教えようなどということを考える先生がいるわけです。そうではなくて、まず小学校では、正しい日本語を教えなさい。そうしたら、小学生は自分が日本人だなという自覚を持つだろう。そして、日本人であるという誇りを持ってくれるようになるだろうと思うんです。ですから、そういう日本語の歴史を教えなさいと私は言っているわけです。

しかし、いまの若者は、自分は日本人だと思っていない人がたくさんいるでしょう。そういう自覚がない。ましてや日本人の誇りなんてかけらも持っていないでしょう。こういうのは日本だけだから、本当の日本の歴史を伝えなければいけない。歴史を伝えるということ、やれ天皇家がいつから始まったとか、こういう歴史はどうとかこうとか、そういう話になりますが、そういう歴史ではなくて、どうして日本人ができてきたのかという本当の歴史を伝えなさいと言っているわけです。そうすると、日本人というのはすごい民族だなということが分かってきます。

話が少し外れましたが、とにかく日本語というのは、今とは全然違う言葉を使って、自然の本当の姿、神の姿を伝えようとしていたのです。先ほど言った「皇神」の神楽というのは、神をほめたたえている舞なのですからね。何度も言うように、お祭りというのは神を悦ばせようというものです。こういうものでどうして神がお悦びになるのか。今のわれわれには分からない。でも、昔の人はそれをちゃんと知っていたんですね。

我欲の言葉をこえて

――先ほど『大祓詞』の話がありましたが、神道には祝詞《のりと》とか、そういう言葉がありますね。そのへんのところはいかがですか。

祝詞というと、「祝」と「詞」という文字で書きますが、あれは当て字であって、「のる」という言葉と「と」という言葉がくっついているわけでしょう。「のる」というのは、漢字でいえば宣言の「宣」ですから、神さまがおっしゃるということでしょう。だから「のりと」というのはすべて神さまのお言葉なんです。

「と」という日本語は、「おと」とか、「あまど」といいますが、「おと」というのは伝わってくるという言葉です。「あまど」というのは、雨のパラパラという音が響いてくる。それが「と」という日本語です。ですから、「のりと」というのは、神さまの言葉が伝わってくるという言葉なんです。昔は神さまの言葉を聞くことができた人がいたから、それを人々に伝えるのが「のりと」なんですね。平安時代にできた「延喜式」という書物に、古い祝詞がいくつも記されていますが、その中で唯一、いまなお全国の神社で奏上され続けているのが大祓の祝詞です。あれは神さまのお言葉を伝えている祝詞です。いまは祝詞というと、こちらが神さまにお願いする言葉に変わっていますが、これは本来は違うんです。神さまのお言葉を宣るということです。宣言するという意味です。

いまここ春日大社でやっている大祓式は、まず最初に権宮司が祝詞に書かれた古い言葉で「これから言うことをみんな聞けよ」と言うんです。「これは神さまのお言葉だから聞けよ」と言う意味ですね。そうすると、みんなが「おーっ」と返事をする。承知しましたということですね。いまでもやっていますよ。そして最後に「分かったか」と言うと、「分かりました」という意味で「おーっ」と言う。六月と十二月の末、いまでも昔のままにやっています。神さまの心を表わした祝詞で残っているのは大祓の祝詞です。ですから、すごい言葉なんですね。

ところが、この『大祓詞』は漢字で書いてあるものだから、その漢字を訳して意味を知ろうとする人がいます。そうすると全然、意味が違ってきてしまうんです。それで私は、この祝詞を全部仮名に変えたんです。そしてみんなに、意味を考えないで発音だけして、その音を聞きなさいといいました。そうすることによって、理屈なく神さまの言葉が伝わってくるようになるからです。神の言葉だから意味は分からない。意味は分からなくてもいいんです。発音を聞いていると神さまの心が伝わってくる。そうしたら、意味が分からなくても、体のなかに伝わってくるんです。それが真実の祝詞というものなんです。けれどもいまは逆で、人間が神さまを称え、そして神さまにお願いする言葉に変わってしまったんですね。これは祭りが昼になったために、そういうふうに変わってきたのではなかろうかと私は考えています。もともとお祭りは夜に行われましたから、その暗闇の中で神さまの言葉がそのまま唱えられていたのだろうと思います。

――そうすると、もともと祝詞というものには、言葉の力と言いますか、神さまの力がこもっているということになりますね。言霊《ことだま》ということばもありますね。

そういうことです。いつも言っているように、この世の中というのは、神の心によってすべてが導かれているわけでしょう。現実にビッグバンによって神さまの心からものができてきた。これは本当で、神の心によって物事が現れてくるわけでしょう。その神の心を表しているのが言葉だから、言葉の力によって現実にものが現れてくるというのは、本当のことなんです。人間の言葉を言うから現れてこない。ところが、神の言葉を言えば、そのとおりに現れてくるということなんですね。

この話をすると長くなるし、特に自分のことを言うのはおかしいんですが少しだけ申しますと、だんだん神さまに近づいてくると、自然に私から自分では考えもしない言葉が出てくる。そうすると、神職はじめまわりの人たちも最初は何を言っているんだという顔つきでしたが、言うことが全部現実になって現れるものだから、みんなだんだん分ってくるんですね。でも、これは私が言っているのではないんです。神さまがおっしゃっている。私を通して神さまの言葉が出てくるだけの話なんです。そんなばかなと思われるけれども、神さまの言葉を信じてやり続けていると、本当にできてきてしまうんです。それはもう普通では考えられないことですね。

こういう話をすると、宮司は神がかりだとか何とか言われるんですが（笑）、うそでも何でもない、これが現実なんです。ですから言葉というのは、何度も申しますが、神さまの心の表れなのです。それを忘れて、人間同士の意思を伝え合う我欲の言葉として使うからだめなんですね。

――なるほど。我欲の言葉ですね。

それともう一つ、「ひらめき」ということがあります。ある理学博士の話ですが、どういうことかというと、世界的にノーベル賞をもらうような問題を解いた数学者で、単に数学を計算して解いた人は一人もいないと言うんです。みんなそこに神のひらめきがあると言っています。ひらめきで問題を解く。この、ひらめきというと、霊媒か何かみたいに思う人がいます。しかし、そういう霊媒の言うひらめきと、ここでいうひらめきとは違います。これは正しくて、非常にシンプルです。霊媒のお告げなんていうのはインチキが多いけれども、こういうひらめきは百パーセント正しい、神の声なんですね。

どうやったらこれが出てくるのかという話でいちばん分かりやすいのは、数学であると言うんです。数学というのは、政治も世の中もまったく影響しない。ただ紙と鉛筆があれば、どこでもできる学問です。そして、どうやってこういう人たちは成し遂げたか。こういう人たちに共通することをいろいろ言っていますが、まず努力であるといいます。その努力も、並の努力ではだめで、のべつまくなしの努力だと言っています。

たとえばわれわれでも医学会というのが毎年あります。八時から始まって、だいたい十時にはお茶です。廊下へ出てお茶を飲んで一服する。それからまた始まって、昼飯になる。しかし、こういうノーベル賞をもらうような先生はどうするのかというと、休まない。人がお茶を飲んでいるときも計算して勉強している。

なぜこんなことをやるのかというと、おもしろいからだという。勉強が楽しいからである。勉強というのは楽しくなければだめだというんですね。これがいやだと思った人はひらめかない。楽しくなければいけないと。

それから、ネアカ、明るくなければだめだというんですね。どんなものでも行き詰まりというのはいくらでもある。自分にはもう能力がないのではないかと、だれでも陥る。そのときに落ち込んだ人はだめだと。これもすべて一つの過程である。これを乗り越えようと、明るい方向に考える人でなければ、絶対にひらめかないというんです。そして、大いに努力する。しかし、これだけでもひらめかないというんです。

――それだけではだめだと。

ええ。最後にどういうことかというと、数学とはまったく違うことを勉強しないとだめだ。たとえば文学をやってみたり、俳句を作ってみたり、全然違うことをやる。これらが重なってひらめきに結びつく。

いちばんいい例が、岡潔という奈良女子大の文化勲章をお取りになった方がいらっしゃいます。この先生は、いつものべつまくなしに計算している。道を歩いていても、ずっと塀に数字を書いたといわれるほど有名な先生ですね。

それが、ある問題を解こうと思ったけれども、どうしても解けない。夏で暑いから、北海道大学の一部屋を借りて、向こうでやったというんです。ところが、全然できないので居眠りばかりしていて、居眠り狂四郎というあだ名をもらったというんですね（笑）。

でも、また二学期になって学校が始まるから帰らなければいけないというので、向こうで帰る汽車に乗ろうとして、ステップに足を掛けたら、その瞬間にひらめいた。問題が解けたという。世界的な人はみんな同じだそうです。馬車に乗ろうとしたとか、何かしようとしたとたんにひらめいた。そこに神のひらめきが出てくるんだということです。

まったくそのとおりだと思います。自分のことを言うのもおかしいけれども、私も神さまのことは子供のときからやっているでしょう。そればかりやっている。そして、七十歳近くなってはじめてひらめくようになったんです。ですから、まさに同じことを言っているなと思うんです。

つまり、すべてこの世の中というのは人間の理屈ではない。理屈を超えたときにはじめて神の声というものが聞こえるという話を、数学を通して説明しているんですね。

おとぎばなしについて

——話が変わりますが、宮司はおとぎ話についても語っていらっしゃいますね。

むずかしい真実の話をやさしく物語ふうに書いたというのがおとぎばなしです。あれは何も架空の物語ではなくて、真実のことを言っているわけでしょう。日本の物語というのは、最初は「おじいちゃんとおばあちゃんがありました」から始まりますね。決して「お父さんとお母さんがありました」とは書いていないんですね。

——そうですね。おじいちゃん、おばあちゃんですね。

なぜおじいちゃん、おばあちゃんかということなんです。結局、本当の歴史、命というものは、おじいちゃん、おばあちゃんから伝わるものだということを、昔の人は知っていたわけでしょう。お父さんやお母さんから生き方は教わるけれども、本当の歴史、命というのは、おじいちゃん、おばあちゃんから伝わるものである。そういうことで、「昔々、あるところにおじいさんとおばあさんがありました」という表現で書いているわけです。

おとぎばなしの内容を見ると、本当に真実の話を書いていると思うんですね。「花咲かじじい」の話にしても、正直なおじいさんが欲深じいさんにやられるんですが、灰をまいたらサクラがパッと咲いたとか、そういう話も、こんなことがあるかと言うけれども、私はそうではないと思うんです。本当だと思います。この話で語られているのは、我欲のない素直さということでしょう。そうすると、花が開くというのは神が現れるという意味だと思うんです。

灰というのは、私がいつも言っている「はい」という返事の言葉と同じ意味だろうと思います。「灰」という漢字になっているけれども、そうではなくて「はい」という日本語でしょう。素直さといいますか……。

強いていうならば、「は」というのはよみがえるという意味です。「は」というのは、葉っぱの葉です。木の葉の葉です。あれは炭酸ガスを葉緑素で酸素によみがえらせている。それが「は」です。「は」というのは、よみがえらせるという日本語です。「い」というのは、命です。稲（イネ）というのは、命の根っこという意味でしょう。ですから、「はい」というのは、命をよみがえらせるということでしょう。

「はら」という言葉も、命がよみがえるという意味がこもった神の言葉です。「ら」というのは、お前らとか、君らということで、いっぱいという意味でしょう。ですから、「はら」といったら、命がいっぱいよみがえるということです。原っぱの「原」も同じです。原っぱというのは、野原にいっぱい草や木が生えて、命がよみがえっている場所という意味です。おなかの「腹」も同じことです。

ですから、前から言っているように、女の人は「はい」と返事をしてくださいというのは、何も亭主にへりくだるというのではなくて、「は」というのはよみがえる、「い」というのは命だから、命がよみがえるという神さまの言葉なんですね。ここでは、それを木にまく「灰」になぞらえているのだと思います。素直に「はい」と言うと、花開く。神さまの力でそこにサクラの花が満開になった。そういう話だと思うんです。

ですから、「はい」というのは命をよみがえらせるという言葉だから、お母さんは子供に命を伝えるために「はい」と言ってください。そうしたら、子供の命がよみがえる。これは冗談ではなくて本当の話なんです。だから、「はい」と言ってくださいと、いつも言っているんです。

「はは」と言ったらお母さんになるでしょう。「は」が二つくっついたら、本当に子供を産むんです。命をよみがえらせる。日本語というのは、全部そういう言葉です。ですから、一字一字に意味があるというのが日本語なんですね。

――なるほど。

言葉というのは、現実に現すのが言葉でしょう。単なる妄想ではないんです。現実にそういうものが現れるのが言葉でしょう。だから、どんな茶碗でも、茶碗を作ろうという心がなければ、茶碗なんてできるわけがない。機械だけではできない。最初に神の心があるわけです。それが言葉になってきて、ものというのは現れてくる。

言葉でいえば、それが形になっていく。それが日本語の言霊というものです。ですから、悪い言葉を吐けば、そこに悪い世界が現実に現れるということです。逆にいいことを言えば、いい世界が現れるんですね。

いまはテレビでも何でも、悪いことばかり言っているから、悪い世界が現実に出てくるんです。これは本当のことだから、みんないい言葉を使わなければいけない。これをやらなければ、どんなに政治をやろうと、経済をやろうと、いい世の中にはならない。ですから、物事はいいふうに解釈しなければいけないと言っているわけです。

春日大社でも、台風七号が来たときはずいぶんひどい目に遭いました。境内の木が二百本以上も倒れましたし、燈籠も倒れた。スギの木が倒れて回廊の屋根が壊れましたが、私はいつものように言ったのです。決して大変だと言うなよと。二百本倒れたら、五百本でなくてよかったな。燈籠が倒れたら、子供に怪我がなくてよかったな。回廊の屋根がつぶれたら、ご本殿でなくてよかったな。そういうふうに考えなさい。そうしたら、必ず台風がいいふうに変わってくる。そう言っておりましたら、本当に現実に変わってきたのです。

春日大社にはご本殿のほかに六十一社の摂社・末社があります。ご本殿は二十年ごとの式年造替《しきねんぞうたい》でいろいろな方からのご奉賛をいただき、平成七年にご修理ができて、遷座祭を行なうことができましたが、その他にある六十一のお社《やしろ》を全部ご修理せねばならず、考えただけで気が遠くなるようなことでした。しかし、まことに春日の大神さまの偉大なるお力によって、摂社・末社が次々といろいろな方のご奉賛をいただいて修理できるようになったのです。まさに奇跡のようなことが次々に起こったのです。それでも限度があって、もうこれ以上のお社を修理することはとてもできない。また、春日の原生林の中にもお社があり、そこまではとてもご修理する力が及ばないと考えておりましたら、何と台風七号でこれらのお社が破損してしまったのです。そのためにどうしてもご修理せねばならない状態となり、それらのお社全ての修理を行なうようになりました。それを考えると、台風もまた神のお導きであるとしか言いようがありません。本当に、何事も良いように考えて、良い言葉を言うと、現実に神のお力が現れてくるということを改めて痛感したのです。

——そうですか。それはすごいですね。

これも、台風がなかったら直していないんです。台風が来たおかげで直せてしまう。そうすると、台風も神さまのお恵みかなと思うんです。だから、すべていいふうに考えたら、台風もプラスになるよということですね。それが言霊です。

ですから、悪いときにもいいと言いなさいというのは、なぐさめとか、そういうものではなくて、言霊の力によって現実にそうなりますよということなんです。いくら大変で苦しくても、悪いことばかり言っていてはいけない。

いい言葉・わるい言葉

――そうですね。そういう意味でいうと、おとぎばなしというのは、やはり本当のことを語っていると考えていいんですね。

ええ。おとぎばなしがすごいと思うのは、私がいろいろなところで講話をしていて、いちばんむずかしいと感じるのは子供にしゃべることです。こんなにむずかしいことはない。なかなか子供に分かりやすくしゃべることはできないですね。むずかしいことを言ったら聞いていないし、どのようにして子供に神さまのことを伝えるか。これは不可能に近いほどです。

それを昔の人は、おとぎばなしという物語で伝えたという、この知恵のすごさですね。おとぎばなしを作った人はすごい天才だろうと思うんです。子供に分かりやすいように伝えられるということは、最高のことではないかと思いますね。やさしく、それでいて伝えたいことを十分に伝えるということがいかにむずかしいことか。

——おとぎばなしは、架空の物語だと言う人がいますね。

それは現在の、何でも理屈で物事を考えようという、人間の最悪の欠点の表れだと思います。素直さがないんですね。そういうことを言うのではなくて、素直におとぎばなしを聞く。そこではじめて真実が伝えられるのだと思うんです。「桃太郎」の話にしても、川上からモモが流れてきて、桃太郎が生まれた。なぜモモが流れてくるのか。どうしてモモのなかに人間がいるのか。そんなことはありえない。こういう理屈を言ったらだめなんです。それを素直に聞くところに、神の真実の声が聞こえてくる。物語というのはそういうものですね。理屈を言わないところに、神のありがたみがある。

おじいさんが柴刈りに行った。なぜ柴刈りに行ったのかとか、そういう理屈を言わないことです。理屈を言わないところに、おとぎばなしのすごさや素晴らしさというのがあるでしょう。だから、理屈を超えたところに神の世界があるということなんです。ですから「かぐや姫」の話というのがあるでしょう。あれは妊娠の仕組みそのものでしょう。妊娠の仕組みそのものを、「かぐや姫」という物語で表しているんですね。

——どういうふうになるんですか。

かぐや姫というのは竹から出てきますね。そして、いろいろな男がプロポーズするでしょう。そうすると、難題をふっかけるわけです。こういうものを全部やってきた人と結婚しますと言うでしょう。結局それができなくて、最後にはお月さんに帰ってしまうんですが、これは妊娠そのものです。

妊娠するときというのは、男から一億の精子が出るでしょう。卵子は一個です。それに向かって精子は死にもの狂いで突進する。わずか膣の何センチの間に一億出た精子が、子宮に着いたときには五千になります。ですから、九割九分以上の精子は死ぬんです。女性の膣というのはそういう厳しい状態になっているわけです。それに耐えられないような弱い精子はお呼びではない。

そして、五千匹がやっと子宮に入るでしょう。しかし、卵巣というのは二つあって、排卵した方に卵子があるんです。ところが、それが分からないで反対側の卵巣に行った精子はだめなんです。とうとうそうやって、一匹だけ残るわけです。

——一億分の一ですね。

ええ。しかも、残った精子がすんなりと卵子に入れるかというと、そうではないんです。気に入られてはじめて卵子から特殊なホルモンが出て、それに引き寄せられて、スーッと卵子に入って受精することができるんです。つまり妊娠には男の意思はまったくゼロなんですね。

そして、だめだったら妊娠しない。ですから、むやみにそんな優秀な男はいないから、「はい、さようなら」と行ってしまうんですね。竹から出てきたというのは排卵という意味です。そういう男がいなかったので、かぐや姫は月に帰るということは、また生理が始まるということなのです。まさに妊娠の仕組みそのものが書いてあるわけです。

ですから、よくわれわれは「おれはついていないんだ」と言いますが、そんな人はいないんです。一億から選ばれたんですよ。ついていない人はこの世に出てこない。お母さんがちゃんと一億のなかから選んでくれたんです。自信を持てということです。自信を持ってください（笑）。

——わかりました（笑）。ところでことばの力ということでは、マスコミの弊害というのが一つあるのではないかと思いますが。

そのとおりです。物事を悪く言わなければニュースにならないという、とんでもない考え違いが日本に横行していますね。しかも、悪いことを誇大に誇張して悪く言う。これが日本の国をいかに悪くしているかということに気が付いていないということなんです。いいことはニュースにはならない。すべてものを悪く言うでしょう。

それは、政治家もいろいろありますが、いま総理大臣になってほめられた人というのは一人もいないですね。批判するなと言っているわけじゃないんですね。ただむやみやたらとけなすでしょう。そういうことが子供たちにどういう影響を与えているのかということを考えない。そうすると、目上の人を尊ばなくなるでしょう。ばかにするでしょう。一国の長をみんながぼろくそにけなしているんですから、敬おうなんていう心は起きてこないですね。

われわれのころの総理大臣は偉かったですね。どんな人間か知らなくても、総理大臣というとすごいなと思っていた。いまは若い人はだれも思っていないでしょう。総理大臣が偉いなんて思っている人は、一人もいませんね。ですから、その人が偉いかどうかは別としても、総理大臣というのはこんなにすごい職業なんだということを教えないと、とんでもないことになってしまうでしょう。これは一例ですが、何でも悪く言う。これは非常に大きな弊害だと思います。

もう一つ、「情報革命の落し穴」ということがありますね。これは、新聞・テレビが発達したものだから、いまは知識・情報というのは向こう側からやってくるでしょう。本当は人間がこちらから考え、必要なものを選択し、そして知識を得るものだけれど、向こうからどんどん情報の洪水がやってくるものだから、だんだん人間は考えなくなってしまった。これが情報革命の落し穴ということです。人間は、じかに接して経験できたものだけが、自分の知識として納得できるのに、見も接しも何もしないもの、ただ勝手に向こうからやってくる情報、これをすべて真実だと思ってしまう。ここに大きな間違いがあると思います。

日本語の独特さ

——さいごに、日本語の特徴というか、素晴らしさについて、触れておくべき点がありましたら、お話しください。

日本人は奥さんが自分の夫のことを、「うちのお父ちゃん」なんて人に言いますね。自分の子供に「お父ちゃん」と言うのなら分かる。ところが、人に「うちのお父ちゃんはね」と言うでしょう。それから、自分の奥さんのことを、名前を言わないで、「うちのお母ちゃん」と言う。しかし、外国でそんなことは通用しない。自分の奥さんのことをマイ・マザーなんて言ったらおかしい（笑）。外国人だったら主人とかワイフとか、または名前で呼ぶでしょう。

また、子供はお母さんに対して、「お母ちゃん」と言う。当たり前ですね。おばあちゃんだったら、「おばあちゃん」と言う。このおばあちゃんというのは、孫にとって自分のおばあちゃんのことです。ところが、これも当たり前のように日本では見ず知らずのお年寄りのご婦人に対しても「おばあちゃん、お元気ですか」などと言っています。外国で年を取った老婆に、「グランドマザー」なんて言ったら、ぶん殴られますよ（笑）。外国にはそういう言葉はないんです。これが日本語の独特なところですね。日本人は簡単に「おじいちゃん」「おばあちゃん」と言って名前を言わないのです。

――それでも通用しますからね。

そういうことよりも、その人の立場、気持ちになって話している。この場合、子供の立場になっているんですね。「おじさんはね」と他人の子供に自分のことを言うでしょう。子供から見ればほんとうのおじさんじゃないけれど、そういう言い方をするんですね。その場で相手の名前を言ったり何かするのはなんか他人行儀で、相手を不快な気持ちにさせたりしてきつい。そういう心理が日本人には働くんだというんです。そこに「ぼかす」という日本人独特のものがある。

――謙譲の美徳というのもありますね。

ええ。だから言葉に出さない。よく言うでしょう。日本人はイエスかノーかはっきりしない。それを外国からぼろくそに言われるけれども、そうやってはっきり言わないことを美徳としているんです。

どうしてそうなったかというと、一つは、日本人が同一民族だからなんですね。日本人もいろいろな民族が集まってできたのだろうけれども、それが一つになってしまったという独特の民族なんですね。同じだから心が通じ合う、いわゆる腹芸というか、言葉で言わなくても分かるんです。だからはっきりいわない。そういう日本人のやわらかさというか、その場の雰囲気というか、そういうものが言葉に出てくるのだろうと思います。これは欠点でも何でもないと思うんですね。

こういう日本に対して外国では、一国の中にいろいろな民族が混ざり合っていて、それぞれが融合しないで一つになっていないから、はっきり言わないと通じないんですね。そこが大きな違いだと思います。

そしてこれも本当だと思うんですが、文字の心というか、本当の意味というものは、余韻の中にある。意味というのは、こういう文字にあるのではなくて、文字のあいだの間《ま》にある。これがいわゆる日本語だと思うんですね。だから、しゃべっても、間のないしゃべり方というのは聞きづらい。微妙な間に本当の意味が出てくる。無のところに本当の意味が出てくる。日本語のあざける言葉で「まぬけ」というのがありますね。あれは間が抜けている、間がないということですね。

昔、徳川無声という人がおりまして、その人の話術の素晴らしさは天下一品でした。私も子供の頃、徳川無声の宮本武蔵の話をラジオで何度も聞いたことがあります。例えば、最初に、「その時、武蔵は……」といって、しばらく間《ま》を置いてしゃべらないのです。しばらくしてから次の言葉が出てきます。その間の中に、本当に宮本武蔵がそこにいるのだと、皆が感じるのです。この話術の素晴らしさはとても他人が真似ることはできません。それを間を置かずに「武蔵は小次郎と出会った」と言ったら、その場の雰囲気は伝わらないでしょう。

昔の有名な落語家は、すべてこの間の素晴らしさを表現していました。今の若い落語家のように最初からべらべらしゃべらず、出だしは何をしゃべろうとしているのか分からないほどの間を置いて話し出すのです。そうすると、知らず知らずにお客さんは落語の世界に引き込まれていくのです。俳句でも伝えたい心が、「古池や」という言葉に出てくるのではなくて、「かわず飛び込む水の音」のあとの間、余韻ですね。ここに「古池」の本当の意味が出てくる。これが日本語だと思うんです。

この日本語の間の素晴らしさは、現代の人はほとんどできないのではないでしょうか。家でも建物でも無駄のない建物は息苦しくて、とても住めません。一見無駄と思われる間の中に、人間の真実の安らぎがあるのだと思います。文章でも、その本当の意味は、字と字の間の空間に表れるというのが日本人の考え方ですから、本でも、文字が間をおかずに書かれていると、とても読みづらいし、著者の真実の心は表れてきません。つまり日本語というものは、そのものズバリと言わずに、間接的に、そのものの持つ本質の姿を表わそうというもので、それが日本人独特の考え方なんですね。

第三章　生命の不思議

生命の成り立ち

——まずこの宇宙の成り立ちについておうかがいしたいと思います。

これはいつもお話しているとおりですが、この宇宙というのは百五十億年昔に神の心の導きというか、神の心の波動によって生まれ、すべてはそれから始まり、動かされているのだと思うんですね。神の世界を見せて、それを表現できる人間という生物を造ろうという神の心が原点にあり、すべてこの目的のために宇宙が膨張し、無数の星ができ、そして地球ができてきた。すべてがそういう導きで動いていると思うのです。

結局、百五十億年より前に神の心の波動が起こって、そして百億年間は単なる物質的なものを作るのに、神の心というか、命というものがずっと伝わってきたのだけれども、いまから四十五億年くらい前に、はじめて太陽から地球という星を誕生させて、そして三十八億年くらい前、はじめて地球に生物というものを誕生させたわけです。

考えてみれば、これはまことに神秘的で、もちろん目的は神を表現できる人間を造るということなのだけれど、どうやって神さまが生命、生物というものを誕生させたのか。まず神さまがなされたことは、この地球上に水というものをもたらされたんですね。太陽からできたほかの惑星には水というものはほとんど存在しないけれども、地球には豊富な水というものが存在したんです。

どうして地球だけに水が存在したのか。いろいろな説がありますが、私は、彗星がぶつかったという説が本当ではないかと思います。彗星というのはいわゆる尾っぽを引いていますが、あの尾っぽというのは、地球から見ると単なる尾っぽに見えるけれども、あれはすごい氷の塊で、いわゆる氷山の何百何千倍というような塊が尾を引いている。おそらく四十五億年くらい昔に、太陽系の惑星に彗星がぶつかった。彗星そのものがぶつかったのでは、反動で地球は飛んでしまいますが、尾っぽの氷の部分だけがぶつかったのでしょう。

それは地球だけではなくて、火星や他の惑星にも、ぶつかったのだろうと思うんですね。いまでも火星の土のなかには、水が閉じ込められているという話もありますが、おそらくぶつかったのだろうけれども、火星では地上に水が残らなかったんですね。地球だけに水が残ったわけです。どうして残ったのか。これまた神秘で、やはり地球の大きさ、引力、太陽とのバランスとか距離とか、そういう微妙なもので奇跡的にバランスが保たれ、地球に水が残ったのだろうと思います。

何かに書いてありましたが、結局、火星などは死んだ星であって、内部からのマグマの噴出というのがなかった。それに比べ、地球だけがなかからマグマが噴出した。そういうことが他の惑星と異なり多量の水が残っていた原因ではなかろうかと、そういうことを書いた人がいましたが、こうしたすべての条件が揃って、水というものが地球上に現れてきたのだと思います。これもまた神秘だと思います。

そして、水と岩石とが混ざって泥というものができたわけでしょう。その泥のなかに生命が誕生した。例えば、有明海の干潟を見ると非常によく分かります。このあいだ佐賀に行ったとき、そこではじめて見たんですが、潮が引いたときの有明海の泥のなかに、無数の小さい生物が生きている。そして、ピチピチという音をさせているわけです。そこに生命のエネルギーが誕生するということがよく分かります。

地元の人は、昔から怪我をしたら、有明海の泥のなかに足でも手でも突っ込む。そうすると傷がすぐ治る。そうやってきたと聞きました。常識から考えると、泥のなかだったら雑菌が多く、汚いから膿むのではなかろうかと思いますが、ああいう海と陸地の境の泥のなかは清浄で、すごい生命力というのがあるわけです。そのすごい自然治癒力というか生命力というのが働いていることを知っていたから、いまでも地元の人は、怪我をしたら、足でも何でもそこへ突っ込む。そうすると治りが早い。これも神さまの導きの現われだと思うんですね。

そうした沼の中に、私はいちばん最初にできたのはビールスではないかと思うのです。

ビールスというのは何かというと、ものでもない。生物でもない。その中間、生物以前の存在なんですね。このビールスとばい菌との違いはどこかというと、ばい菌は自分で繁殖できる。ところがビールスは、自分ではできない。何かモノに入らないと分裂できない。ですから、おそらくビールスというのがいちばん最初にできたのではなかろうかと思うんです。

このビールスというものは、どのような働きをするのかというと、いろいろな生物の体の細胞の核の中に入って、その細胞の遺伝子を利用して自分が増えていくというのがビールスなんですね。ですから、おそらくビールスがいろいろな遺伝子の組み替えを行ったのだと思うんです。そして、そこではじめていろいろな遺伝子を作ったのではないだろうかと思います。遺伝子というのはものです。生物ではありません。そこに神の無限の生命の知恵が含まれています。

なぜ水のなかに生物ができたのかというと、水というのは情報の伝達物質です。いろいろな情報を伝える。ビールスによりいろいろな遺伝子ができて、水のなかで情報が入り交じっている間に、細胞というものができたのではなかろうかと思います。この、生物を誕生させた仕組みというのはまことに神秘的で、生物というものを誕生させた神の知恵というのは、とてもわれわれ人間の及ぶところではありません。

最初に、細胞一個の単細胞生物というういちばん下等な生物を誕生させて、それからずっと三十八億年たって人間にまで進化させた。これはすごいと思います。

魚が産卵するときに、わざわざ海岸のところで産卵する魚がたくさんいます。陸地と海との境、岸辺に、カメでも何でもわざわざ卵を産むでしょう。それはおそらく太古の生命誕生の記憶のためでしょう。そういう昔の神秘がいまでも残っているのです。

——なるほど。

これは前にもお話したと思いますが、結局、生物が地上に上がっても、水がなければ生きていけないわけでしょう。昔は海のなかに住んでいた。それがいまから五億年くらい昔に陸に上がったんだけれども、ただ上がったのでは生きていけない。水がなければ上がっても生きていけない。

どうやって地上に上がってきたかというと、おそらく地殻変動による山の隆起でしょう。そこでまず持ち上げられたのは海底に生えていた海藻などの植物だと思います。その時、植物が最初にどんな姿で上がったか分らないけれども、そしてだんだん空気を吸って、最後には山の環境に順応し、山に植物が生えるようになったわけでしょう。そして海・雲・雨のように大気に水が循環する間に山から水が流れて川というものができて、おそらく植物の種か何かがあったのかもしれませんが、それが流れてきて、その川の水によって草木が生え広がり、そしていろいろな生物が生活できるようになったと考えられています。

当然のことですが、山がなければ川がないわけです。たとえばアフリカの砂漠なんていうのは、山がない。そうすると、雨が降ってもみんなしみ込んでしまって砂漠のままでしょう。だから、山に木があるということが、われわれ生物が生きていく原点なんですね。その水がそのまま流れてしまったのでは砂漠になってしまうんです。

そうすると、降った雨がどうなるのかというと、山に木が生えていると地中に入り込むでしょう。しかし、ただ入り込んだのではだめで、植物や動物を生かすためには、栄養のある水でなければいけない。当たり前ですが、そうでなければ植物や動物は生きていけない。その栄養のある水をどうやって自然が作ったかというと、木が葉っぱを落とすでしょう。降った雨がその葉っぱを通して地下に入る。栄養のある水が地下に入るんですね。地下に入ってそれが清水となって出てきて、それが川になるわけです。

雨が地下に入って、一メートル水が移動するのに一年かかるということなんですね。だから、葉っぱを通して地下に入って清水になってくるのに、三百メートルあったら三百年かかる。そうすると、われわれが飲んでいる水は三百年昔の雨水を飲んでいるということになります。千年昔の水かもしれない。普通はだいたい三百メートルぐらいで清水になるだろうといわれています。

大祓式（撮影・大塚清吾）

そうすると、江戸時代、徳川家康や豊臣秀吉が戦っていたころの雨を、いまわれわれは飲んでいるということでしょう。ということは、祖先が山の木を残してくれたから、われわれは生かされているということなんですね。祖先が木を切ってしまったら、その水はないわけです。みんな流れてしまって砂漠になってしまうでしょう。だから、山の木を切ってはいけない。いまわれわれは江戸時代の水で生かされているということなんです。ですから、いま降った雨水ばかりを飲んでいるわけではない。一度地に入った地下水も飲んでいるということなんです。

その点、日本というのは非常に恵まれた国ですね。日本列島というのは、大陸から分かれてきた地殻と、南方から動いてきた地殻がぶつかってできたでしょう。それが日本列島です。そうすると、ぶつかった拍子に真ん中に山ができた。だから、日本海と太平洋に向かって川がたくさんある。こういう世界にまれなる素晴らしい土地なんです。これほど川の多い国というのはない。

いま、世界中どこでも水に困っていますね。海外旅行に行ったら分かると思いますが、生水を飲めるところはほとんどないでしょう。しかし日本は、いまは汚れたけれども、昔は平気で川の水を飲んでいたんです。いかに水に恵まれたいい国かということですね。川が大切なんです。そういう自然の恵みというか、そういうものを忘れてはいけないと思うんです。いかに日本列島が恵まれた地形かということなんですね。

――そうすると、木を切ったり、ゴルフ場を造ったり、農薬をまき散らしたりというのは、あまり賢いことではないですね。

賢くないどころか、愚かさを通り越していますよ（笑）。そうそう、思い出しましたが、このあいだ地質学者がヒマラヤの山に登って、そこの岩石を持ってきて調べたら、深海の、それも海底にしか住んでいない何とかという微生物の化石がいっぱいあったそうです。ヒマラヤの頂上というのは昔は海底だったということが証明されたと、そういう記事が出ていました。これは海底が地殻の変動により盛り上がってできたのだろう。それはどうしてかというと、インド大陸が南半球にあった。これが北に上ってきて大陸とぶつかって、その衝撃でできたのがヒマラヤだそうです。

そうすると、普通われわれが考えると、バンとぶつかって一気に盛り上ったと考えてしまいますが、そこに書いてあったのは、ぶつかった衝撃で盛り上がるのは、一年で何ミリである。せいぜい一センチぐらいしか盛り上がらない。そうすると、いまヒマラヤは八千メートルでしょう。一センチが八千メートルになるのに何億年かかるのかということです。何千万年か何億年か知らないけれども、そうやってヒマラヤというのはできてきた。日本の山脈、山々も同様でしょう。これが宇宙の時間です。

――気の遠くなるような話ですね。

大変な時間ですよ。これが神さまの時間です。神さまは生命を誕生させるために百億年かけているんですね。先ほども言いましたが、われわれとは時間の単位が違うのです。

胎盤というシステム

――ところで生命の誕生について、先ほど出発点はビールスというところから始まったということでしたが。

いきなり生物ができたなんていうことはありえないから、生物ができる過程というのがもちろんあるわけでしょう。結局、最初はものができて、それから生物ができたのだけれども、ものがいきなり生物になるはずがありませんね。そうすると、やっぱりものと生物の中間のもの、ビールスのようなものがそのなかに存在しなければならないということです。

そういう過程を通って生物が誕生してきたということですが、これは単に生物という枠だけに限られたことではなくて、世の中がすべてそうなっていると思うんです。それはつまり宇宙のシステムというのは、全部同じ性質で成り立っているということであり、私がいつも言っていることです。

たとえば、昼から夜にはいきなりならない。昼から夜になるには、その間に夕方という時がないと夜にはならないでしょう。それから、夜がいきなり昼にはならない。やはり朝方というしじまのひとときがある。物事にはこのどっちともつかない時間・空間が必要なんです。これがないと、ものがいのちある生物とはならない。中間となる夕方、朝方というものが大切なんです。

これを知っていたのが日本人なんですね。日本人は、夕方、朝方というものを非常に大切にしてきました。有名な京都の大文字の送り火、山に赤々と「妙」という字が浮かび上がってきますね。あの妙という字は少女という意味です。子供の女の子でもない。大人の女性でもない。その中間の少女に神仏の神秘を見るということなんですね。夕方や朝方と同じなんです。

ところが残念ながら、いまは日本から少女がいなくなってしまったんですね（笑）。子供がいきなり大人になる。それが現在の状態です。そこには神も仏もなくなってしまった。両方の架け橋となる少女ということが大切なんですね。なぜか少年とは言わないんですが（笑）、やはりすべて女性が基本だからですからね。

これもいつも話していることなのですが、妊娠すると胎盤というものができますね。これが夕方であり、朝方なんです。この仕組みのすばらしさですね。これがないと生命がよみがえらないんです。妊娠すると、お母さんが呼吸し、食べたご飯の栄養が、お母さんの血液から子宮の赤ちゃんに伝わるわけでしょう。そのままストレートにお母さんの血液が赤ちゃんに行ったら、赤ちゃんは死んでしまう。というのは、お母さんの血液と赤ちゃんの血液というのは、親子でも違うわけです。

というのは、違うようにしているわけです。最初は女ばかりで子供を産んでいた。そうしたら、同じ子供がクローンのように産まれてしまうから、進歩がない。そこで男女の結合で、それぞれと違う子供を産むシステムへと進化した。だから、子供なんだけれども、母親とは違う遺伝子を持つ子供を産むように変わってきたから、たとえ赤ちゃんといえどもお母さんとは違うわけです。個性があるわけでしょう。

ですから、お母さんと言えども、型の異なる血液がそのまま赤ちゃんに入っていったら死んでしまう。そこで胎盤というものがあるわけです。栄養のあるお母さんの血液が胎盤のなかに入ると、何と栄養だけが赤ちゃんに入って、お母さんの血液は入らないという不思議なことが起こるんです。胎盤を通して、栄養と老廃物が行き来する。こういう摩訶不思議なことがおこなわれるんです。胎盤というのは単なる膜ですね。つまりそこで赤ちゃんの血液とお母さんの血液が入れ替わるんです。

すべて世の中というのはこうした胎盤のような仕組みがあるんです。たとえば、われわれがご飯を食べるでしょう。そしてお肉ならお肉を食べて、胃で消化して、腸で吸収するんですが、そのお肉そのものを吸収したらわれわれは死んでしまいます。お肉は異物ですからね。ところが、腸で吸収するときには、腸の粘膜に胎盤にあたる働きがあるんです。零コンマ何ミリという非常に薄い腸の粘膜を通る瞬間に、自分の栄養に変わるわけですね。これはまさしく宇宙の仕組みですね。

ですからお肉を食べても、それぞれ体のなかに入れるときは自分のものに変える。自分以外ものが入ってきたら拒絶反応が起きるわけです。臓器移植してもなかなか根付かないというのは、他人のものは拒絶してしまうという反応があるから、なかなか定着しない。この胎盤という仕組みですね。つまりこれが祖先の生きる仕組みなんです。この祖先の仕組みを通さないとわれわれのものにならないのです。

それがいちばんよく分かるのは、いまお話ししている妊娠です。三十八億年昔に生物が誕生してきて、そしてついに人間ができたでしょう。そうすると、進化したと思うけれども、じつは変わらないんです。人間が誕生するためには、もう一度三十八億年の昔に戻るんです。この三十八億年間を通さないと、いまでもわれわれは生きられないというシステムになっているのです。

どういうことかというと、お母さんは十月十日で赤ちゃんを産むんだけれども、そのいちばん最初は一個の卵細胞です。単細胞ですね。それが受精し分裂して魚みたいになり、爬虫類みたいになり、サルみたいになり、そして三十八週で人間の姿になるわけです。そうすると、お母さんの一週間が一億年なんです。一億年の変化をお母さんは一週間でやってのけるわけです。まったくその三十八億年の経過をそのまま辿っている。そうしないと赤ちゃんは産まれてこない。すべてがこういうふうに循環しているのです。

ですから、祖先の生きた道を通らないとわれわれは生きられない。赤ちゃんも産まれてこない。いきなりは産まれてこないんですね。摩訶不思議なことだと思います。

母親と父親

ちなみに、この命を伝えるのに男は関係ないんです。お母さんだけで命は伝わる。ですから、子供に命を伝えるのは父親ではないんです。

——父親は関係ないんですか。

ええ。父親というのは情けないんです（笑）。それでは、父親というのは何のためにあるのかということなんですね。いつも言っているように、神さまは神の姿を見させると言っているでしょう。だから、いつも妊娠の仕組みを言うんですが、妊娠の仕組みというのは、すべてお母さんが子供に命を伝えることですね。命を伝えて、これを人間に生まれさせるわけでしょう。お母さんは命を伝える。そして、強い立派な子供を育てる。

しかし、これだけでは動物も同じです。動物だって、メスが子供を産んで命を伝えているでしょう。動物にはオスがいるんだけれども、人間だけに父親というものがいます。父親は動物にはいない。なぜ父親というものを人間に神さまが与えたのかというと、父親というのは偉大でなければいけない。そうすると、子供が親父は素晴らしい、親父にはかなわないと、そういうところで、敬う、尊敬するという心が子供に起きてくるというわけです。

神さまというのは理屈ではありません。神さまを敬う、崇敬する心がなければ、神を見ることができないのだから、その敬う心を持たせるために、父親というものを神さまが与えられたんです。しかしそれは、父親から直接子供には通じないんですね。母親を通してしか伝わらないという仕組みになっているのです。

だから、奥さんはご主人を尊敬してください、感謝してくださいと言っているわけです。そして、子供に「お父さんは素晴らしいね。お父さんのおかげで生かされてありがたいね」としじゅう言い伝えなさいと。そうしたら、子供に親を敬い尊敬する心が起きてくる。

そうすると神に近づくことができる、神を見ることができると言っているわけです。

ところが、戦後の日本人は、平等という言葉の取り違えによって、夫婦はどんなことも平等であるという考え方となり、妻が夫を尊敬するのはおかしい、不平等だと言って尊敬しなくなったために、日本人の子供から敬うとか尊敬するという心がなくなってしまっているのです。そして、これでは神が見られないという、とんでもないことになったわけでしょう。

だから、ご主人を尊敬してください。ご主人の言うことに「はい」と言ってくださいといっているわけです。そうしたら、子供が敬いの心を持つようになり、立派な子供になります。「はい」というのは英語でいうイエス、すなわち返事ではありません。日本語はいつもお話している通り、「あいうえお」の一言一言に意味があるという世界にまれなる言葉なのです。

くりかえしになりますが、「は」は、葉っぱの「は」で、木の葉はわれわれが吐いた炭酸ガスを、葉緑素で太陽の光の光合成によって、酸素によみがえらせます。だから日本語の「は」は、よみがえるという言葉です。ですから、お母さんのことを「はは」というのは、子供をよみがえらせる、子供を産む人という意味です。「い」は、いのちですから、「はい」というのは、いのちをよみがえらせるご神言、神の言葉です。ですから、奥さんがご主人に、「はい」と言えば、子供のいのちがよみがえり、立派な子供が育つということなのです。しかし、奥さんだけにご主人のことを「はい」と言いなさいと言うと、すぐこれは差別だという人がいます。女性だけがなぜ「はい」と言うのか。ご主人も奥さんのいうことに「はい」と言うべきだと言う人がいますが、そういうことではないのです。奥さんがご主人の言うことに対して「はい」というのは、決して女性が男性に対して劣っているということではありません。奥さんがご主人を尊敬して、「はい」と言えば、それが子供に伝わり、生命がよみがえり、親を敬い尊敬する心が生まれてくるのです。だから、「はい」と言ってくださいと、私はそう口が酸っぱくなるほど言っているのです。

いま、日本の子供から敬うという心がなくなっています。これを大袈裟に言えば、子供をダメにしてしまった、日本という国を滅ぼしているのは母親だということになります。だから、私は何とか母親をよみがえらせようとしているんです。私は九〇パーセント以上は女性を意識してしゃべっているんです。男はあとまわしです（笑）。

――たしかに、母と子というのは父親と子供の関係とは全然違いますね。

ええ、父親とは直結していないんですが、母親とは直結しているんです。ここで、日本の母親が勘違いしてしまったんです。あなた方もそうかもしれませんが、自分の奥さんの男の子に対する態度と亭主に対する態度は全然違うでしょう（笑）。

――ええ、違いますね（笑）。

なぜ差別するんだと言うと、「いや、息子は私とつながっている。あなたとは他人だ」と言うんですよ（笑）。ところが、違うんです。息子とはたしかにつながっているんだけれども、息子も男だということを母親が忘れているんです。男というのは、女性を守るというのが本能なんです。家族や女性を守る。動物でもそうでしょう。オスはメスを従えて、ほかのオスが来るのを防ぐでしょう。

ですから、母親といえども女なんです。息子から見れば、母親なんだけれども女なんです。息子は必ず母親を守ろうとする。それを逆に母親が守ってやっている。だから、男としての本能をなくしてしまった。それで、へなちょこな男ばかりいま日本にはできてしまっているでしょう。昔は、自分が女を守ってやろうという頼もしいのが男でしたが、いまは逆でしょう。女のほうが強くなってしまった。そのため、日本から男がいなくなってしまったという現象が起こっているわけです。

――本当にそうですね。

話がちょっとずれましたが、輸血で、エイズとか、肝炎とか、いろいろな問題がいま起きているでしょう。昔はなかったんですね。われわれの常識というのは、輸血はできるだけ血の濃い親とか、兄弟とか、従兄弟とか、親類とか、そういうところからもらう。

ちょっとでも似ている親しい人でないと身にならないということを、昔の人は知っていたわけです。

ところが、その血液をものにしてしまったんですね。外国のブラッドバンク（血液銀行）が集め、いろいろな検査をして、完璧にしたはずのものを、カネで買ってくるでしょう。けれどそれは異物になるんですね。今度は肝炎とかエイズが出てきてしまった。逆なんですね。これは異物ですから、その人の身にならないんですね。医学はこういうことを無視しているのですね。昔は自分の親とか、子とか、そういう人からもらっていたのに、そういうものは非科学的だということで否定した。その結果がこうなってしまったわけです。

私は医者の時代、ほとんど輸血はしませんでしたが、たまに赤ちゃんの大きな手術をして輸血しなければいけないというときには、たいてい親に来てもらいました。そして、親から血液を採取する。ところが、二回、三回手術をしなければいけない場合もあるでしょう。そうすると、お父さんとは血液が合っているんだけれども、そのお父さんだけでは足りないから、しかたがないからお父さんの友達で、血液型の合っている人に来てもらって、二人からもらって入れるんです。

一回目のときはいいんです。ただ、二回目をやるでしょう。そうすると、前がいいから当然、お父さんの友人もいいだろうと思うんです。ところが、二回目に検査してみると、お父さんはいい。しかしお父さんの友達の血液は使えない。どうしてかというと、お父さんとは血が似ているから二回やっても拒絶反応が起こらない。ところが、友人のは一回使うと、それに対する拒絶反応の抗体というのが赤ちゃんにできてしまっているんです。だから、その血液が使えない。

そうすると、同じ血液型で血液検査では問題ないんだけれども、お父さんとお友達との違いというのが出てくるんです。これは検査では分からないんですが、実際にやってみたら分かるんです。つまり、それぞれの血を少しづつ採取して混ぜ合わせてみたら、はっきりと分かります。昔は検査がないから、それをやっていたんです。

二回目のときには、その友達の一滴と赤ちゃんの一滴を混ぜるとギューッと固まってしまった。お父さんとは固まらない。そこに、科学では証明できないつながりというものがあるんですね。こういうものを全部無視して、ただ医学は科学だということでやるから間違ってくるんですね。

誕生と往生について

――いま、妊娠についてお話しいただきましたが、さらに出産、そして死について、そのあたりのことをお話しいただけますか。

これもいつも言っていることですが、この世の中というのは循環とバランスでできています。われわれの生きているこの世界に対し、死者の世界、神道でいえば夜見《よみ》の国というんですが、祖先の生きている世界というのがあるわけです。この両方、夜見の国とこの世が循環してつながっているんですね。祖先の世界からこちらへ現れてくる。この現世に産まれてくる。人間の姿になって出てくる。これが出産です。これに十月十日、だいたい一年ぐらいかかります。

今度は、夜見の国、祖先の国に行くのが往生です。ですから、死というものは存在しなくて、ただ祖先の世界へまた帰って行くというのが、この循環ですね。なぜこんなことを言うかというと、われわれの体は、祖先と関わりを持たなければ生きていけないというシステムになっているからです。

とにかく、全ては循環とバランスとによって成り立っている。出産に一年かかるのなら、夜見の国へ行くのも一年かからなければ、循環とバランスにならないわけでしょう。ですから、たとえばお医者さんに「ご臨終です」と言われて亡くなったとしても、そこが死ではないんです。そこから一年かかってあの世に行くんです。つまりこの世からあの世へ行ってくれなければいけない。あの世とこの世は循環しているんですから、死んだ人がちゃんと往生してくれないと、われわれも生きていけないことになるわけです。

そういうことを昔の人は知っていたから、死んだ人が祖先の国に素直に行けるように、神道では十日祭・五十日祭・一年祭と、祖先のお祀りを行いますが、仏教でも初七日とか、四十九日とか、一周忌ということで供養したんですね。そして神道では、死んでから一年間は、死者の冥福の祀りの時、手を合わせて拍手するのに音を立てないんです。一年間はしのび手といって音を立てない。

――そうなんですか。

ですから、夜見の国に往くのに一年かかるということを、直感的に日本人は知っていたのだろうと思うんです。往生するのに一年かかる。一年たったら祖先の国へ行って神さまになる。一年たったら音を立てて拍手して手を合わせる。だから、祖先の国へ行ったら神さまなんですね。祖先は神さまなんですから。それまでの間は神さまではないんです。神さまになっていない。これに一年かかるから、音を立てない。そういうことを日本人がなぜ知っていたのか知らないけれども、やはり一年かかるということを知っていたんですね。日本人は昔からそうやっているのです。

――出産のときは十月十日、赤ちゃんは母親の体内にいますね。それでは死ぬ人は、死んでから往生してあの世に行くまでの間というのはどうなりますか。

霊界とか幽界ですね。あの世でもない、この世でもない。これは夕方、胎盤のようなものですね。だから、いま言ったように、死んだらあの世にすぐ行かない。その間に胎盤がなければいけない。だから、夕方、朝方というのがあるんです。

人間は普通、五体揃って産まれてきます。ですから、あの世へ行くときも五体満足でなければいけないでしょう。五体満足で、だんだんあの世へ行く。夕方を通って今度は夜に行くわけです。必ず夕方という世界がなければ、夜には行けないんです。ですから、死ぬときは本当は病気や事故で死んだらいけないんです。健康で五体揃って行かなければいけないはずです。出産も五体揃って出てくるんですからね。今度は帰るんですから、五体揃っていなければあの世へ行けないと思うんです。

ですから、昔の人はそういうことでは行けないということを知っていたから、あとに残った人が供養して、行けるようにしたのだと思うんです。仏教ではお坊さんがお経をあげて供養しますが、神道では死者の冥福を神さまにお願いするんです。そういうことを昔

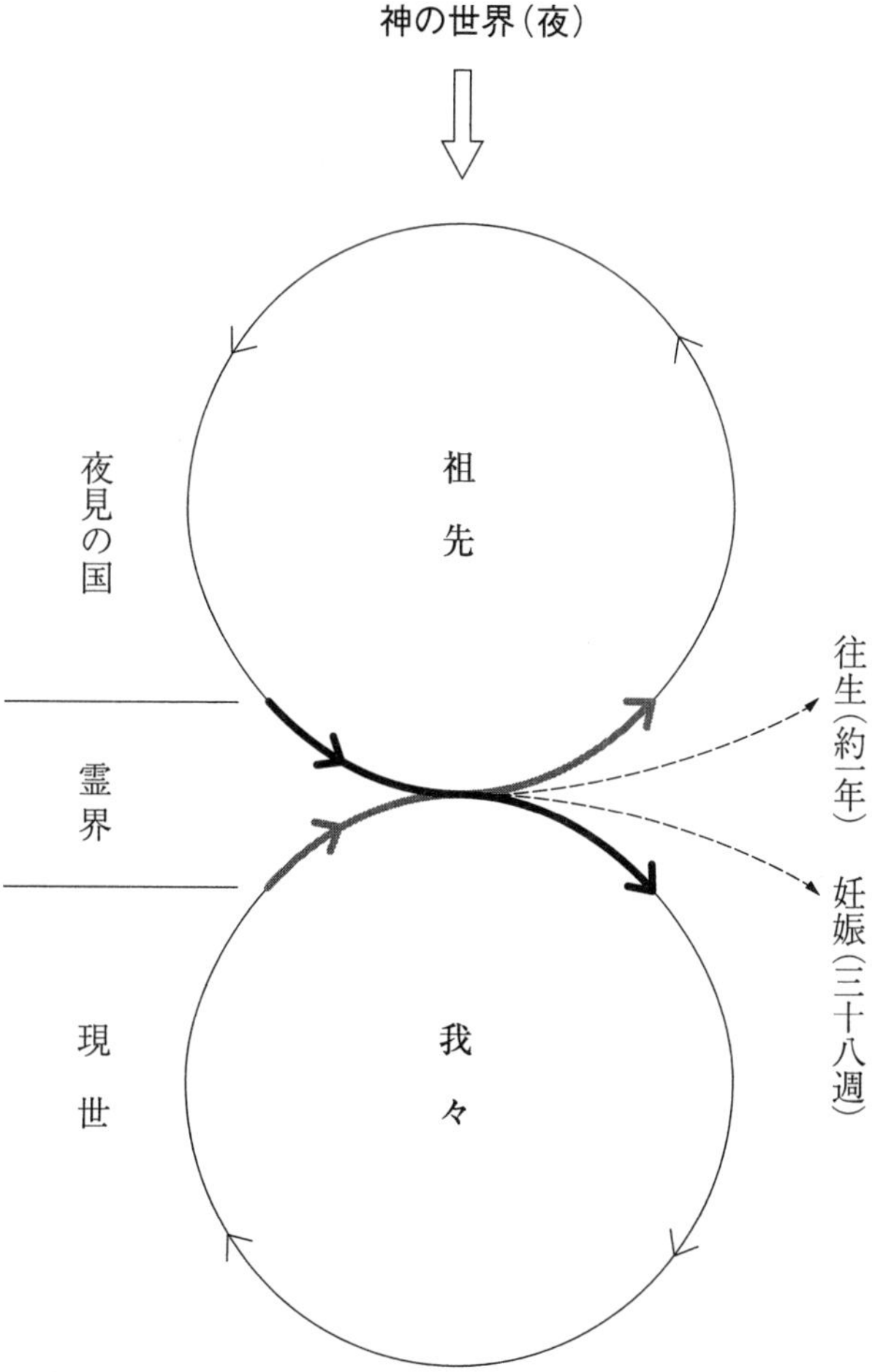
神の世界(夜)
夜見の国
祖先
往生(約一年)
霊界
妊娠(三十八週)
現世
我々

の人は知っていたんです。

ところが、いまはこれを無視してしまった。これをいちばん無視したのが臓器移植です。脳死ですね。往生がストップしたら、現世が止まるんです。死者を供養しなかったら現世が止まってしまう。こういう理屈がどうして分からないのかというんです。全ては循環とバランスと言っているのにです。この世は循環とバランスなどではできていないなんて言うでしょう。何でも人間の理屈だけで判断しますが、真実の神の世界はすべてが循環とバランスなんです。これが神の世界、宇宙の世界なんですね。

――本当にいま循環とバランスの大切さについてみんな忘れていますから、祖先崇拝とか、先祖をお祀りするとか、そういうことを言うと……。

それは宗教だとか、非科学的だと言うでしょう。科学もへったくれもないんですね。事実がこうなっているんです。うそだと思うのなら、自分の体のなかを見てごらんなさい。祖先のおかげで生かされているんじゃないですかというんです。

生きること・いのちを伝えること

結局、生きるということは、さっき言ったように、命を伝えるということでしょう。常に新陳代謝をして、昔の伝統を新しい子供に伝えていくというのが本当に生きるということです。しかし、生きていてもそれをやっていない人がいるでしょう。命を伝えていない。ですから、いま言ったように、生きるということと命を伝えるということは違うんです。生きるということと命を伝えるということは、全然別個のことなんですね。

どういうことかというと、いちばんよく分かるのが医学でいえば植皮です。これがいちばん分かりやすい。

――植皮ですか。

ええ。やけどなどをすると、そこの皮膚が駄目になるので、お尻などから皮膚を取ってきて貼り付ける手術が行われます。これがうまくいけばその移植した皮膚はくっついて生きるんです。ところで、本来というかもともとの皮膚は新陳代謝をして命を伝えています。ところが、この移植した皮膚は、何と新陳代謝をしないんです。異物で根っこが付いていないから、新陳代謝をしない。ただ生きているだけなんです。これでは命を伝えられない。この個体が死んだら終わりになるのです。ですから、生きるということと命を伝えるということは違うんです。神さまの目的はもちろん命を伝えることです。命を伝えて進化させるというのが神さまの法則です。しかし、ただ生きているだけでは命は伝わらない。こうした植皮のように、いまの人間で命を伝えていない人がいっぱいいるわけです。

――そうですね。生きているだけの人が多いですね。

ええ。これでは本当は死んでいるんです。ところが、死んであの世へ行っていても、あの世からわれわれにいろいろなものを伝えている人は、いくらでもいます。死んだ人でも、われわれにいろいろ教えてくれる人がいるでしょう。そういう人はあの世でも生きているんです。しかし、言われる通り、この世で生きながら死んでいる人がたくさんいる。さらに言えば、日本人はこの世でほとんど死んでいるのではないかと思うんです。歴史と伝統を否定した結果、日本人の心、命を後輩に伝えるということを止めてしまった。自分の楽しみだけのために生きる連中、そういう人たちは生きていても、命を伝えていない。生きるということと命を伝えるということは違うのです。

――そこが大切ですね。

ただ生きているだけではいけない。ですから、命を伝えよと私が言うでしょう。子供は命がなければ死にますよと言っても、お母さんたちは「そんなわけはない。ちゃんと栄養のある食事をさせて、学校へ行って勉強させて、大学を卒業させて、会社へ行っている。生きているじゃないですか」と言うんです。それに対して「ではその子供が死んだら、あなたの家はそれで終わりですよ。しかし、命を伝えていたら、それが子供から孫、ひ孫に伝わります」と、そう言っているのですが、それが分からないんです。子供のことだけ考えているというのは、違うんです。子供で終わってしまったら、あなたの家はそれで絶えてしまう。これが孫、ひ孫と子孫に伝わらなければ、どうするのか。いまの母親は無意識のうちに家を滅ぼそうとしているわけです。子供に命を伝えていませんからね。あなたの家が滅びるのは勝手である。ところが、もし日本人の母親が全員命を伝えなければ、日本の国は消えてしまう。どうするんですかというんです。祖先が延々と伝えてきた日本の国を、このまま消すつもりですか。私はこう言いたいんです。

滅びの日本人

——母親のせいで日本がなくなると。

もちろん母親だけの問題ではありませんが、このままいけばそうなりますね。なぜかというと、つまり女性の体というのは下腹部の両側に卵巣というものを持っています。この卵巣につながる子宮というものがあって、その下に膣があります。セックスをすると、その膣の中に一億の精子が入るわけです。そして、いま言ったように、その一億の精子のなかから一個の、確実に命を伝えることができる精子を選び、子供をつくろうということでしょう。これを膣のなかでやるわけです。ところが、いまみたいにフリーセックスとかで、いろいろな男性とセックスしていると、膣が変わってきてしまうんです。

膣が厳しくなくなってしまう。そうすると、本当は強い精子だけを残すんですが、弱い精子も突破してきて、子宮に入ってきてしまうんです。そして、弱い子供ができてしまうというのが、現在の日本なんです。ですから、ことセックスについては、男女平等とかフリーセックスとか、そういう問題とは違うんです。強い子供を残すというのが全生物の目的でしょう。いま人間は男も女も全然むちゃくちゃになってしまったんですね。

弱い子供が産まれたら、自分の子供が弱い子供でしかたがないと言うかもしれないけれども、大変な問題ですね。弱い子供が一人産まれたら、その弱い遺伝子が子孫に伝わる。これがどうして分からないのかということです。

自分だけのことではないんですね。そうしたら、将来は弱い子供ばかりが日本人になってしまうということでしょう。一人子供が産まれるというのは大変なことです。その人の遺伝子が伝わるんです。それをどうして考えないのかということです。いまのままだったら、百パーセント日本人は地球上から消えてしまいますね。

ですから、いくら科学が発達しようと何しようと、自分の遺伝子を確実に受け継いで、また次に伝えてくれる強い子供でなければ、命は伝わらないでしょう。いまは命が伝わらない。だから、私はお母さんが子供に命を伝えていないと言っているんです。完璧に滅びますね。

——最近では体外授精、人工授精というのは大きな問題ですね。

ええ。女の人の卵子を取ってきて、どこかの精子を持ってきて、試験管のなかで混ぜるわけでしょう。そうすると、膣や子宮を通っていないんです。だから、どんな子供が産まれてくるかわからないでしょう。ただ子供が産まれればいいという問題とは違うんです。

——最近は、別の女性の子宮を借りて受精卵を入れて発育させて子供を産むというのが、アメリカのほうであるようですね。

神を冒瀆するものです。十月十日その借り腹のお母さんが食べたものは、子供に入るんですよ。その栄養物が全部子供に入ってくる。いったいこれはだれの子供ですか。これで命が伝わるのか、人工授精で命が伝わるかということです。

命というのはそうじゃないでしょう。祖先から伝わってくる歴史の知恵でしょう。祖先から伝わらなかったら命は伝わらない。それをだれか分からないのを持ってくるんでしょう。もう救いようがないですね。

命を伝えなければいけないんです。人体というのは命を伝えるために神さまから与えられたものなんです。いま、人工授精とか、遺伝子治療ということをさかんにやっているでしょう。これは大変な問題です。それからクローン。クローン人間をつくろうかというんでしょう。こんなことをしていたら人類が危ないですね。

――宮司が先ほどおっしゃった脳死と臓器移植も同じことですね。人工授精にしろ、遺伝子治療、クローン、全部同じですね。

ここまで人間がうぬぼれたというか、落ちたというか、いま全世界がそういうときでしょう。全世界的にどん底まで来ているわけです。だから、神さまは、これで人間というものを地球上から抹殺するのか。あるいはどん底まで落としておいて、人間を自覚させるのか。どちらかだと思うんですね。でも、神さまは神の世界を見せるために人間を造られたのだから、この人間を全部地球上から抹殺してしまったら、神の意思に反するわけでしょう。ですから、おそらく気が付くようにされるだろうと思うんですね。

その気が付くようにするのはだれがやるのかというと、それが日本人なんですね。日本人が全世界の人々に、本当の人間の生き方を気付かせるだろうと言っているのに、肝心の日本人が外国の真似をしてしまって、とんでもないものになってしまっているでしょう。ですから、このまま行ったら、日本人は完璧に滅びるけれども、日本人を滅ぼしたのでは人類は救われないから、おそらく日本人もどこかで気付かされるのでしょう。そして間もなくそのときが来るだろうと思うんです。来なかったら、その時は本当に終わりですね。

しかし、春日の神は慈悲万行の神というけれども、まことにそうだと思うのは、私のような人間をここに呼んでおいて、私にこういうことをしゃべらせる。これは神さまの慈悲だと思うんですね。みんなにお知らせしているんだと思うんです。これは決して私のうぬぼれではなく、まさに春日の神の慈悲万行の現われだと最近、つとに感じるようになりました。

――先ほどから宮司は、母親が目覚めなければいけないというお話しをされていますが、女性の世界というか、そのへんについてもう少しお話しいただけますか。

私は、この世の中に男の世界というのはないと思うんです。この世はすべて女性の世界。女性しか命を伝えられないんですから、男の世界というのは存在しない。そんなばかなことがあるか。豊臣秀吉でも徳川家康でも男じゃないか。男が歴史を作っているじゃないか。こう言う人がいますが、それでは、豊臣秀吉を産んだのはだれか（笑）。

みんな母親が、産んで育てたのではないか。その結果があああなったのではないか。結局、母親の歴史ではないかと、そう思うんです。みんな考え違いをしているんです。歴史に男の歴史なんてものはないんです。母親の歴史であり、女性の歴史なのです。

シカを見てごらんなさい。よく分かりますよ。群れをなしているのはメスです。その周りにオスがいるのです。だから基本的に生物というのは女性の世界でしょう。命を伝える。そういう世界なんですね。

――男はさびしいですね（笑）。

さびしいですよ（笑）。本当の話、お母さんは自分で産んだのだから自分の子供に間違いないことを知っています。亭主は自分の子供かどうか何にも証拠がないんですね。ただ亭主は妻を信じているだけでしょう。これほど信ずるということはないですね。

どこかの未開の民族で、出産とセックスとの因果関係が分からないというか、結び付けて考えていない種族があるそうです。そうするとセックスして子供が産まれるんだけれども、それと出産がその村の文化というか、思考のなかで結び付いていない。子供が産まれると、自分の子供というのではなくて、神さまの授かりものという、そういう文化があるということですね。そういう世界観もあるんですね。

――そういう意味では、子供をどう育てるかということもまた重要な問題ですね。

そうですね。妊娠の時だけの問題ではなくて、妊娠の前、そして生まれてからずっとそれに沿って生きてくれないと、本当の自分の命というものが子供に伝わらないでしょう。だから、胎教というけれども、妊娠してからの胎教では遅いのであって、本音をいえば、そうではなくて自分が生まれたときからのものが全部子供に移るわけでしょう。

そういう世の中の本当のことをみんな知らないんです。あまりにも知識が増えてしまって、物事を理屈で考えるからおかしくなってしまったんですね。理屈とかそんなものとは違うんです。

このあいだどこかの本に書いてありましたが、理屈が正しければ正しいほど間違ってくるというんです。これもよくお話しをするんですが、たとえばおなかのすいた人がパン屋でパンを一個盗んで自分で食べたとします。

そうすると、それを見ている人が、あれは犯罪である。ものを盗むというのは犯罪であると考えるでしょう。だから、警察へ行くべきである。警察に知らせるべきだ。そして、この人を罰すべきだ。こういう結論になるでしょう。これは正しいんです。ものを盗むというのは、パン一個でも犯罪です。だから警察に届ける。警察に捕まえてもらって罰する。これも理屈は正しいんです。

ところが、ある人は、かわいそうだと思う。ご飯も食べられないで、貧乏で、かわいそうだ。それなら、パン一個ぐらいはどうということはない。見て見ぬふりをしよう。見ないということとなるわけです。結論が見ないになる。これも正しいんです。かわいそうだ。だから、一個ぐらいはどうということはない。だから、見て見ないふりをしてあげましょう。これも理屈は正しいんです。

しかし、スタートが違うと、犯罪だというのと、かわいそうだというのとでは、結論が全然違ってきます。全部正しいんです。だから、スタートが問題なんです。理論が正しければ正しいほど結果が違ってくる。

だから、私は言うんです。われわれが神さまに生かされているというスタートと、自分で生きているというスタート、その向きが違うと、理論が正しければ正しいほど、結果が違ってくる。スタートが問題なんです。理論というのはあくまでも過程でしょう。だから、ですから、本当のスタートが違ったら、過程が正しければ正しいほど違ってくる。こういうことなんですね。スタートが違ったら、本当のスタートをしてください。われわれは自分で生きているのではないんです。生かされているんです。それに感謝するのが生活です。このスタートから始まってください。それですべてのものを考えてください。こう言っているわけです。

女性の本当の美しさ

――最後に、女性の美、本当の美しさということをお聞きしたいと思います。

何度も言うように、神さまは命を伝えるために女性というものをお生みになった。しかも人体というものは宇宙の縮図で、神さまの姿そのものの仕組みでできているんですね。そして神というのは何かといえば、シンプルさの極限の美なんです。そして女性の体というのは、神さまの命を伝えるのだから、同じくシンプルの美に造られているということなんです。だから、女性には美があるわけです。

それを本能的に知っているから、絵でも写真でも、裸体でもそうですが、服を着ていても、モデルといえば女の人が多いでしょう。女性が神さまの美というものを備えているから、それを本能的に分かるから、いろいろな形で美を表そうとするわけです。女性はみんな、いかに自分の美を表そうかと思っているわけです。美に対する関心は、男性よりも女性のほうが強いでしょう。服装でも常に美を表そうとか、装飾品で飾ろうとか、自分の美を表そうとするのが女性なんですね。

しかしそればかりではなく、さらに、私が言いたいのは、そうやって外に飾って美を表すということだけではなくて、日本人が古来からやっていた内面の美を出すこと、これこそが本当の女性の美だということです。神さまがくださった本当の内面の美を表す。神さまの美というのは、年月によって衰えない。百五十億年たっても衰えない美ですから、女性が年を取ると美がなくなるということはありえない。女性は死ぬまで美しくあるように神さまはお造りになっている。それが神さまを表現するということでしょう。ですから、美が衰えるというほうがおかしいんです。

――本当は美が衰えることがおかしい。

女の人は、何のために神さまがこの世の中に女性を誕生させられたのかということを知っていただきたい。そのとおり生きたら、神さまに沿って生きることだから、女性は死ぬまで美しい。そう言っているわけです。

女性というのはすごいといつも言っているんですが、何しろ命を子供に伝えることができるのは女性だけです。男は伝えられない。神さまは、百パーセント子供に命を伝えるために、女性というものをこの世に誕生させた。ですから、女性というのは死ぬまで健康で美しくあるようになっているのです。

人間の体というのはいくつぐらいまで生きられるかというと、医学的にいえば百二十五歳までは簡単に生きられるという仕組みになっています。ところが、みんな我欲があるために、いまだかつて百二十五歳まで生きた人はいない。みんな死んでしまうでしょう。でも、本当は死んではいけないんです。

なぜ人は老化するのかということを、一生かかって研究した東大の教授がいます。このあいだその人の論文を読んでいたら、老化というのは自然現象ではなく、病気であり、老化を促進するある種の物質があるというのが分かったそうです。その物質とは、少し専門的になってしまうので詳しくは省きますが、それといわゆるガンとか、動脈硬化とか、高血圧とか、年を取ってから起こるいろいろな病気の原因とが同じものであり、したがって、老化というのは病気である。そういう老化を促進するものを消せば、百二十五歳までは元気で生きられる仕組みになっていると、その人が書いていました。

しかし残念ながら、その老化物質を消す方法がないんです。分からないから年を取って死ぬんですね。しかしただ一つだけ、それを消す物質がわかったそうです。何かというと、それが女性ホルモンだそうです。女性ホルモンがそういう病気の原因を消すということが分かってきた。つまり、いかに女性の体というのは、子供に命を伝えるために、そういうすごい仕組みになっているかということなんですね。

ですから、女性が本来の女性の姿に目覚めてもらって、女性ホルモンをフルに出してくれたら、元気で現役で百二十五歳まで生きるということなんですね。これはうそでも何でもない。医学的にそういうことが分かったというんです。

どこの世界でも男よりも女のほうが寿命が長いんです。それはやはり女性ホルモンがあるから、男よりはるかに病気にならないからです。とにかく、女の体というのは男の体と比べても、はるかに優れているんですから、女性よ、本来の女性の姿に目覚めてくださいということを声を大にしていいたいのです。

——たしかに年を取られても、つねに美しさを感じさせる女性がいらっしゃいますね。

ええ。どういう女性がそのような美しさをずっと維持しているのか。そこをよく見てくださいと言っているわけです。

年を取っても美しい女性には共通点があると思うんですね。それは神の姿そのままで、神さまのこころに従って生きている人だと思うんです。結論からいえば我欲のない人です。素直に生きている人です。こういう人は年を取ってもとにかく美しいですね。そういう女の美しさというものを知って、女性は美しく生きてほしいと思うんです。

この、女性が美しさを感じさせるということは、子供の教育にも、ものすごく大きな影響を与えると思います。とくに男の子というのは、母親は美しくあってほしいとみんな思っています。子供というのは母親の美を望んでいるのです。それが本能なんですね。これが命を伝える教育につながるのだと思うのです。ですから、女性というのは姿形からでも、命を伝えるというシステムになっているんですね。

こんなことを言うと女性から叱られるかもしれませんが、戦後、アメリカの自由とか男女平等というような考えが入ってきて、これを履き違えたため、何かというと差別というようになり、女性が男性と同じことをするのが男女平等だと考えるようになってしまいました。私は常に思っているのですが、いままで述べたように神さまは男性とは比較にならない素晴らしい神の姿に女の人を作っているのに、そして女性ホルモンというものをたくさん女性たちに与えて、健康で死ぬまで美しくあるように女性を造られているのに、なぜそれを自ら捨てようとするのでしょうか。自ら与えられた健康と美を捨てていることにど

御蓋山山頂 本宮神社例祭（撮影・井上博道）

うして気が付かないのでしょうか。それが非常に悲しく思われるのです。どうか女性の原点に目覚めてもらって、真実の女性の姿に戻ってほしいと切に願っています。

第四章　真実の人生とは

結婚について

——まず初めに、結婚についておうかがいしたいと思います。

私は仕事柄よく結婚式に招待されるのですが、その折り、新郎新婦の紹介ということで、仲人が、二人はこういう出会いで、こうやってお互いが愛を育んできたというようなことをよく言われます。そのときいつも、それは違うんじゃないかと言いたくなるんですね。どうしてかというと、前にお話をした妊娠の仕組みを思い出してもらったら皆さんお分かりになると思うんです。妊娠したときは、最初は全部、女の子なんですね。単性でそのままストレートに生まれたら全部女の子が産まれる。ところが、途中から男性ホルモンが出ると、男の子に変わっていくわけです。女性ホルモンが出たら女の子になって、男性ホルモンが出たら男になるのではなくて、男性ホルモンが出たら男になるけれども、出なかったら全部女の子なんです。だから生命は単性、女性が基本なんです。

つまり、男も、もともとは女です。男と女というのはもともと同じものなんです。それが分かれて、別々の人生を歩んで、そしてまたもとの一つに戻ったのが結婚です。神さまがもとに戻らせるために、お互いが愛するようにされているんですね。決して自分たちの思いだけで愛し合っているのではなく、神さまが、お互い愛し合うようにされているからちゃんともともとに戻り、そして結婚して子供を産むことができる。こういう導きをされている神さまに感謝するのが、結婚式だと私は思っているんです。

ところで、神さまのお導きによってご縁のあった二人を結ばせるのが仲人なんです。『古事記』でいう結びの神です。結びの神が、二人をもともと一つのものであった姿に戻されるのです。つまり湯川博士の中間子理論ですね。あれと同じ役目が仲人だと思うんですね。何か二つを結び付ける時、直接は結び付かないんです。必ず二つをくっつけるものが必要となります。それが中間子であり、仲人なんです。ですから、必ず日本人は結婚するときは仲人を立てる。これはすごいことだと思うんです。これこそ、その原点を知っているからではないかと思うんですね。

さて、私はこうしてもとに戻ったことを神さまに感謝、奉告するのが結婚式であり、みんなが披露宴でお祝いするというのは、神さまのみ心と一致してもとへ戻っているということを、みんなでお祝いすることだと思っています。だから、結婚式では、みんながめでたい、すばらしいと言ってお祝いするのです。本来はそういう意味だと思うんです。神さまのお心に沿ったということをお祝いする。そして子供を産み育てるということだと思うんですね。

それを、自分たち二人が愛し合って結婚したと言うから、間違ってきてしまうんです。結婚というのは、もともと一つのものが再び一緒になることですから、一生涯一つ屋根の下で生活できるのです。親子でも、兄弟でも、一生同じ家で生活することはできないでしょう。夫婦が一生同じ家にいられるというのは、もともと一つだからいられるのだと思うんです。

そういうことを知らないと、結婚というのが、偶然に出会って恋に陥ち、そして自分たちの意志だけで一緒になったと思ってしまいます。しかしそれはとんでもない思い違いです。二人が出会うということも、神さまのお導きなのです。世の中に偶然というものはありません。

そうすると、やれ性格が違うから離婚するとか、こんなはずじゃなかったとか、そういう問題は起こってこないと思うのです。もともと一つではない二人が無理やりに結婚するから、離婚という問題が起きてくるんですね。自然の導きに従って一緒になったら、離婚なんていう問題は起きてこないわけでしょう。導きにしたがって一緒になり、そして子供を産んで、はじめて命というのは子供に伝わっていきます。正しい命を伝えていくことこそが神の願いであり、これこそが真実の結婚だと思います。

——それが本当の結婚であると。

ええ。結婚というのは原点に帰ることです。原点に帰って子供を産む。そういう生物はいまでもたくさんいます。

妊娠の過程もそうなんですが、前にも言ったように、魚でも何でも自分の産まれたところに帰って子供を産む。そういう生物はたくさんいるでしょう。たとえばサケでも、川上で産まれて、川を下って海に行って、そしていろいろな経験をして大人になって、産卵のときはまたもとの川を必死になって上ってくるでしょう。そして、自分がもと産まれた川上へ行って、子供を産んで死んでいく。そういう原点に戻って子供を産むというのが、宇宙の生命を伝える仕組みです。ですから、結婚もまたもとの一つに戻って、子供を産み育てるというのが、本当の姿なのです。

ウミガメにしてもしかり、もとの砂浜へ帰ってきて卵を産むでしょう。原点に帰るんですね。それは、さっき言ったように、三十八億年の昔に帰らないと、生命が伝わらないという仕組みなんですね。あらゆることがそうなっているんですね。途中からでは伝わらないという仕組みです。

――原点に戻らないと始まらないと。

ええ、命が伝わらない。すべてが三十八億年の昔に戻るんです。そして循環ですね。命というのは循環しています。われわれが産まれるのも、やはり循環して祖先の昔に戻らないと産まれてこられない。そういう仕組みになっているんですね。このことについてはセミの話がいちばんよく分かると思います。セミが夏に、ミーンミーンと鳴いている。あれは一週間かわずかな期間しか飛び回っていられないでしょう。つまりこれが現世ですね。そして、死んでしまったら終わりかというと、そうではなくて、木に産みつけた卵として命は残るでしょう。そして幼虫として何年間も土の中にいる、これが長いんですね。もし、幼虫が途中で死んでしまったらセミは出てこない。また、セミが卵を産まなかったら、幼虫は産まれてこないでしょう。ですから、地中と地上の生活が循環しているわけです。あれは、祖先の世界とわれわれの世界が循環しているということを、そのまま現わしているように思うんです。

――ところで、日本ではもともとは見合い結婚が多かったですね。

そうですね。たしかに戦前までは見合い結婚というのが主体で、それぞれの親が決めた相手と結婚させられることが多くありました。これが戦後アメリカの自由平等などという考えが入ってきてから、親が決めた相手とする見合い結婚は間違いである。結婚はお互いに愛し合って二人の合意でするものだとなり、結婚とは恋愛結婚が本当の姿であると、若者たちは皆思うようになりました。しかし、その結果が、性格の不一致だとか、いろいろな問題がたくさんおきてきて、簡単に離婚するという事態になってしまいました。

先に述べたように、生命というものは原点に帰って伝わるものですから、人間の結婚も元々一つであった男女が神さまのお導きによって原点に帰って結ばれて、子供を産むことによってはじめて祖先からの命が子に伝わるのです。単に好きになったからといって別々の男女が結婚して子供を産んでも、祖先からの命は子供には伝わりません。戦後アメリカの考えから、簡単に愛し合って結婚してみたり、また簡単に離婚などしたのでは、命は子供に伝わりません。命のない生物は滅びるのが当たり前ですから、このままでは日本の国は滅亡する危険があると私はいつも皆さんにお話しています。真実の結婚とはどういうことか。日本人の祖先からの命を伝えるということはどういうことか、真剣に考えなければならない時が来ているのではないかと思います。

このようなお話をすると、そんな馬鹿なことがという人がたくさんおりますが、ここにひとつおもしろいお話があります。深海に棲んでいる化石みたいな魚で、いままで全部がメスであると思われ、それなのにどうして卵が受精するのか、最近まで不明であった深海魚がおりますが、それが数年前、メスの体とオスがひとつであることが分かり、排卵の時、そのオスから精子が出て、受精するということがわかりました。すなわち、夫婦は元々一つであったという原点の姿を現わしているという魚が発見されたのです。また、川にいるうなぎは、どこで卵を産むのかいままで全く分らず謎でしたが、最近になって千キロか二千キロ離れた太平洋の深海の岩の中で産卵することが分り、日本で見られるうなぎが、原点のところまで泳いでいって、卵を産み、孵化した稚魚はまたこの長い道のりを泳いで日本の川に帰ってくることがわかりました。これもまた、大自然は原点に帰って生命が伝わるしくみになっていることの一例です。

塩のエネルギー

この原点と言えば、私たちは神さまに導かれ、生かされているということなのですが、この神さまを日本人は天つ神と国つ神とに分けて敬ってきました。

――神さまが二つに分類されるのですか。

日本人が昔から生活として行なってきた神道では、神さまを天つ神と国つ神の二つに分けています。それは天からお恵みをくださる神さま、そして地からお恵みをくださる神さまの、その両方の神さまがいらっしゃるということです。われわれは天から太陽の光や酸素という神さまからのお恵みを受けています。でもそれだけではなく、地からもいろいろな神さまのお恵みをいただいており、その両方の神さまからの恩恵によって生かされているのです。

神社でお祭りをする時、いろいろなものをご神饌として神さまにお供えします。そしてそれらの中には、必ず塩と水とお米、これらがお供えされています。なぜかというと水と塩、これらは国つ神からのお恵み、つまりエネルギーの根元であり、その中から生命が誕生したのであり、それから太陽の光や空気という天つ神のエネルギーを得て出てきたのがお米だからです。それを醱酵させてできたのがお酒と、それら全てエネルギーの根元を集めてお供えしているのです。

――確かに、神棚にはそうしたものをお供えしていますね。そのなかの塩についてもう少しおうかがいしたいのですが。

この塩というものがどうしてできてきたのかです。これは地球のマグマから生まれたものだと言われています。地球の内部のどろどろしたマグマが海の中に吹き出て、海水で冷やされてマグマの成分が出てきたのが塩です。その塩水の中に三十八億年前、生物が誕生したのです。生物は塩がなかったら生きてはいけません。つまり塩はマグマのエネルギーですから、それによってわれわれは生かされているということになります。そして海の中で誕生したといわれる生物の子孫であるわれわれの体液もまた、海水と非常に似た成分でできています。そしてこの生物というものは、この前も言いましたが、佐賀県の有明海のような、陸と海のはざまのドロドロとした沼のようなところから誕生したのだと私は思います。それは水と塩と、そして太陽の光があたる、絶妙な環境、状態であったのでしょう。当然、海水は塩と水の絶妙なバランスが保たれていたのでしょう。この有明海の海の水が引いたあとの泥水の中から、ピチピチという音が聞こえてきますが、この泥の中に無数の小さい生物が生きており、命のエネルギーで満ち満ちています。これはこの浅い泥の塩水の中で、地のエネルギーと太陽のエネルギーの、その両方のすばらしい力が現在でも発揮されているからだと思うのです。

——塩といえば、われわれはよくお葬式に出た後、清めの塩でお祓いをしますね。

日本古代の書物である『古事記』の中に、伊邪那岐命《いざなぎのみこと》の禊《みそ》ぎの条があります。ここには伊邪那岐命が、黄泉《よみ》の国から戻られた時、九州の阿波岐原という海辺において、黄泉の国から持ってきた罪・穢を禊ぎ祓い、清めたと記されています。みことは、海の中に身を浸して身体を清めることにより、天照大神《あまてらすおおみかみ》はじめ、尊い神さまをお産みになったという記述なのですが、この記事は単なる昔話だとすまされるものではなく、いま言われたとおり、私たちがお葬式のお清めに塩を用いるということとまったく同じことなのです。

塩というのは国つ神の、ものを生かす力ですから、その力によって罪・穢が祓われる。罪・穢というのは、清らかな体を包み隠すものや、尊い気を枯らすマイナスのエネルギーのようなもので、誰でもが思い当たる「我」を出した時の心の乱れ、精神力の衰えのことです。それが罪・穢と呼ばれるものであり、そこに塩を振りかけると国つ神のプラスのエネルギーが与えられ、マイナスの気の衰えが復活して、罪・穢が消えるというのが祓いの根本なのです。決して何か汚いものを取り除くというような考え方ではありません。伊邪那岐命が塩水で祓うことによって、黄泉の国に行ったための負のエネルギーが塩の絶大なエネルギーによって回復し、尊い神さまが誕生されたということが、この神話の根底にあるのだと思うのです。

お祭りの時、神職が祓詞《はらえことば》の祝詞を唱えて清めた大麻《おおぬさ》というものによって祓いを行ないますが、その次に塩水《えんすい》といって塩水を入れた器に清浄な榊《さかき》を浸し、その葉で塩水を降りかけることによって、さらに祓いを行なっております。これもみな塩水に含まれる国つ神のエネルギーによって罪・穢を消すということなのです。

——祓いというのはエネルギーの回復ということなのですね。

そのとおりです。われわれ人間の体液の、その成分のほとんどは塩水です。塩水でできているから、そこからわれわれの生きるエネルギーというのが出てくるのだと思います。だから昔、いまでもそうですが、病人が衰えるとリンゲル液というのを皮下に注射しました。これは塩水です。塩水を体の中に入れることによってその人のエネルギーが出てくるということで、リンゲル液の治療というものが行われてきたのです。現在行なわれている点滴の中にも同じ成分が入っていると思いますが、とにかく、人間は塩と水がなければ生きていけないということなのですね。

――塩というものがいかに大切かということですね。

それにしても常々、私は日本人は不思議な民族だと思うのです。世界で、塩というものについて一番知っていたのが、日本人ではないかと思うのです。これは理屈ではなく、直感的に塩の持つ力を知っていたと思われるところが、至るところに見ることができます。日本人は塩を実によく摂ります。味噌でも醬油でも、生活の隅々にまで塩が浸透していますね。しかし医学の立場では、塩は塩化ナトリウムで、塩を摂り過ぎたら血圧によくないとか、病気の原因になるとか何とか言って騒いでいます。しかしこの塩こそ、人間を生かすエネルギーの固まりなのです。日本人はよく塩で漬物を作ったりするでしょう。そうするといままでは何というか腐敗菌が防がれて長持ちすると解釈されていますが、ただそういうことだけではなくて、塩によるエネルギーが漬物に入る。だから腐敗菌が取りつかないのだと私は考えるのです。それを昔の人はちゃんと知っていて、野菜を塩漬けや味噌漬けにして、お漬物や、お味噌なんかで塩をたくさん食べていたのです。つまり日本人は天と地の、その両方からの恵みを受けてきたのです。それを神道では天つ神・国つ神というのです。

――ずっと昔から、そうしてきたのですね。

昔、人類は食べ物がなくなると食糧を求めて他のところへ移動するという生活をしていました。ところが、いまから約一万七千年くらい前に、日本人は一所に定住するという生活を行なうようになりました。なぜかというと、食料が安定して得られるようになったため、土器というものを作ったからです。これが有名な縄文式土器です。このなかに食料を貯えるということを行ない、定住できるようになったのです。そしてこの土器の中で、どのようにして食料を貯えたのかというと、現在日本人が行なっている漬物に見られるように、おそらく食物に塩を混ぜて貯えたのだといわれています。これは日本人の祖先のすばらしい知恵です。

――国つ神のお恵みですね。

神社では毎日、『大祓詞《おおはらえことば》』という、千年以上も前から全国の神社で奏上されつづけている祝詞をいまでも声に出して読み上げていますが、その祝詞の中で天つ神・国つ神の、両方の神さまが出てきます。それは、神さまから生かされているということを日本人の祖先が知っていて、神さまに対して、感謝の祈りを捧げてきた証しでもあります。われわれはこれを当たり前のように思っていますが、この感謝の生活というのは、他の国から見ればすごいことだと思うのです。

春日杉、アセビなどの自然の神秘の色で染められた、宮司揮毫「神」字の屏風（万葉染・喜多長蔵作）

——感謝の生活ですか。

ええ。しかしいま、飽食の時代となり、感謝のこころなくして塩をたくさん、バランスを乱すほどの量を使い、塩が何か体に悪いもの、害のようなことを言う人がおりますが、それは当然、人間の方が悪いのです。全てバランスを越えて塩を使うからおかしくなるのです。普通辛いものを食べると喉が渇きます。これは塩と水のバランスが崩れ、身体が不足分の水を欲するためですが、バランスが取れると乾きは収まる。これが自然の摂理です。普通の状態では、それ以上水を飲もうとはしません。つまりバランスさえ取れていれば適当な塩を摂れる。逆に言えば、塩を摂り過ぎるということは、元々の心身のバランスが崩れている証拠だとも言えるのです。

——なるほど。

要するに塩というものは、マグマから生まれた地球のエネルギーだということ、塩によって生物が誕生し生物は生かされていること、塩によって穢が祓われるということ、この三点が私が特にお伝えしたい点ですが、最後の「祓い」ということについて、くどいようですが、わかりにくいのでいま一度、お話します。

祓いと恵み

この「祓い」というのは「取り除く」ということではなく、要するにエネルギーの衰えたのが穢ですから、それに塩を与えればエネルギーが覚醒化して、罪・穢が消えていく。これが祓いの本当の働きです。だから、もともと日本人には悪いものを取り除くという考えはなかったと思うのです。医学でもそうです。本当は取り除くのではなくてエネルギーを与えることによって、病気を、その原因を消すということです。これが江戸時代まで、日本で行われてきた日本医学の根本義であり、これが本当の医学だったのです。

――いまの発想とは全く逆ですね。

私は学生時代、はからずも肺結核になって死の間際までいきましたが、それが一冊のすばらしい本に出会って感動して無我の状態となり、神の世界を見て感きわまって涙を流し続けたその結果、何と結核が消えるという体験をしました。これは西洋医学の考え方ではありえないことですが、それは私が感動し無我の状態になった時、神のエネルギーが百パーセント身体の中に入り、そしてエネルギーの衰えから起こった結核という状態が瞬間的に消えたと考えられるのです。西洋医学では到底理解できない現象が私の身体の中で実際に起きた。これはまさに祓いそのものであると私は後になって分かってきたのです。

――なるほど。

われわれは毎日太陽の日の光を受け、そして土地から産まれてきたいろいろな植物を食べることにより、天の恵みと地の恵みの両方で生かされています。しかし生物の中には深海に住む生物もおります。この前もテレビを見ていたら、何千メートルか知らないけれども、深海に生きる生物が放映されておりましたが、それがまったく太陽の光がない世界に生きているため、退化して目がないんです。目がないんだけれども、ほかの気管でものを知るようになっているんですね。充分な酸素もなく太陽の光も受けないのに、なぜそんなところで生きていけるのかというと、地底からマグマの、いわゆる温泉が出ているんですね。マグマが海底から吹き出ているところがあって、その周りにみんな集まってくるんです。つまり地中からのエネルギーによって生活している。そういう生物もいるんですね。

そうした生物に比べ、われわれは天と地の両方からのエネルギーを得て生きておりますから、おそらくそういう生物よりは長く生きているんじゃないか。そしてさらに恵みを得て生きているのが樹木だと思います。樹木は、地中深く根を張って、地のエネルギーを取りいれる一方、葉を茂らせて日光の、天のエネルギーを十分に得て生きておりますので、樹木の中には千年二千年を越えて生き続ける樹木がたくさんあります。われわれは地中に足を突っ込んでいなくて、上からだけだから、百年足らずしか生きないでしょう。地中からエネルギーをもらったら、もっと長生きできると思うんですね。

ですから、私が子供たちに言っているのは、裸足で地面を歩きなさいということなんです。このごろはほとんどみんな靴を履いてしまっているでしょう。そうすると、子供は地からの気をもらっていない。だから弱くなる。昔、われわれが子供のころは、平気で裸足で外へ出て遊んでいたでしょう。このごろは、危ないとか何とか言ってやらない。それがエネルギーが半減してしまった理由だと思うんですね。ですから、裸足で地面を触るということが、子供の教育に必要ではないかと思うんです。

以前に女優の浜美枝さんと対談する機会がありました。その時のお話ですが、浜さんは神社にお参りするのが好きで、参道に立ったらまず靴を脱ぐそうです。「裸足で参道に立ちます。そうすると、神さまのお恵みが足から入ってくるということが実感できるのです。それで、心からありがたいという思いに包まれます」と言っておられたのですが、いま考えるとこれはすごいことだなと思うんです。天からだけではなくて、地からも神さまのエネルギーが入ってくるわけです。そういうことを実感できるというのはすごいと思うんですね。

春日の神と天皇

――前に春日大社は断層というか、地下からのエネルギーが吹き出すすばらしいところにできているとおうかがいしましたが、そういうことなんですね。ところで春日の神は白い鹿に乗って鹿島からお出でになったということですね。

ええ。まずなぜ春日の神さまとして、香取・鹿島の神さまと天児屋根命《あめのこやねのみこと》のご夫妻を祀ったかという理由なんですね。というのは、これは出雲の大国主命《おおくにぬしのみこと》の国譲りと同じなんです。日本の朝廷というのは、この日本を治めるのに、唯一の世界でもまれなる方法で国を治めたんです。

外国の王は武力で平定して国を造ったでしょう。そうすると、一つの国を滅ぼして、その国の伝統とか宗教を全部滅ぼしてしまって、その上に自分の宗教や文化を乗せて国を造ったでしょう。そうすると、必ずまたそれが滅びる。この繰り返しなんです。

ところが、日本の大和朝廷は絶対にそういう武力で治めるということをしないで、そこの氏族の土地の神さまを天皇も祀りましょう。決して滅ぼさないで、皆さまが祀っている神さまを天皇も祀りましょう。こういう方法で統一してきたのです。それがいわゆる国譲りの話です。

そのときに、香取・鹿島の神さまは、天照大神《あまてらすおおみかみ》のお使いで出雲に来られて、そして国譲りをされたんですね。いまの歴史書物では、この出雲の国は大和朝廷が治める国だから、これを譲ってよこせと言ったと解釈されていますが、絶対に違うと思います。それは間違いだと思うんです。

天照大神のお使いで香取・鹿島の神さまがいらっしゃって、出雲の地方は大和朝廷が政治的に治めるから、大国主命には宗教的に神の導きによって治めてくださいという交渉に来られたのが、香取・鹿島の神さまだと思うんです。決して武力で取ろうというのではないんです。宗教的に人々を治めてくださいという交渉に来たわけでしょう。そのために、あれだけ出雲大社というすごいお社に大国主命を祀ったわけでしょう。そして、この地方を信仰的に治めてもらったんですね。

それが国譲り、いまでいう地鎮祭の始まりなんですが、それと同じ方法で、この春日の地方にもともとの氏族があり、いろいろな人がみんな神さまを祀っていたわけです。そこへ、大和朝廷がここへ都を造ろうということで、まず香取・鹿島の神さまをお呼びして、そしていわゆる国譲り、ここにおられる神さまにおことわりしたわけでしょう。それを滅ぼすことなく、大和朝廷も一緒にその神さまをお祀りさせていただくという交渉に来られたわけです。もともとここには榎本神社の神さまがおられたんです。いまでもご本殿の横にちゃんとお祀りしています。

——お社がありますね。

ええ。同じ所に香取・鹿島の神さま、それから天児屋根命の神さまを祀っているわけです。天児屋根命ご夫妻というのは、もともと高天原で祭り事をつかさどる神さまです。それが藤原氏の祖先ということになっていますが、本当は国譲りの大国主命と同じ働きで、香取・鹿島の神さまがまず交渉にこの地に来られて、そのあと天児屋根命ご夫妻が信仰的にこの大和地方を治めて奈良の都を造る。そういうことでできたのが春日大社なんですね。ですから、武力で都を造ろうというのはかけらもないんです。

いま宮中に賢所《かしこどころ》というのがありますね。賢所と皇霊殿と神殿という三つのお社がいまでもありますが、その神殿というのは日本中の八百万《やおよろず》の神さまをお祀りした神社なんです。そこで天皇がいつも拝礼されるのです。それと同じように、春日大社にも、ご本殿のほかに六十一社の摂社・末社がある。これは全国の神さまをここに祀っているんです。ですから、どんな神さままでも春日大社でお祀りしましょうという意味で、いろんなたくさんのお社がここにできているのだと思うんです。出雲の大国主命の国譲りとまったく同じことをやっているわけです。

ところで、どうして鹿島の神さまがシカに乗ってこられたかというと、シカというのは不思議な、未来を見る能力を持った動物であると言われています。『古事記』にも書いてありますが、吉凶を占う占いにはよくシカが関係しています。いちばん有名な占いというのは、シカの肩甲骨を焼いて占うというのがありますね。だから、そうした不思議な予知能力のあるシカを神獣として崇めていた。そして鹿島の神がお出でになる時、シカが鳴くか何かのかたちで、神が来られるということを告げたんだと思うんです。

いまでもそうなんですが、シカは鳴くのはオスだけで、オスも鳴く声とか時期というのは決まっています。たいていメスを呼ぶときだけシカは鳴くんですが、それ以外のときにオスが鳴くと何かが起きる。いまでもそうです。ですから、おそらくこの阪神大震災でもシカは鳴いたと思うんです。しかし、いまの人間には分からない。昔の人は霊感力が強いから、シカの鳴き声が分かったのだと思います。神さまがいらっしゃるということを、シカが鳴き声で伝えたのだろうと思うんです。そういうことから、神さまがシカに乗っていらっしゃったという話になってきたのだと思います。そして、鹿島の神さまを御蓋山《みかさやま》の上にお迎えしてお祀りしたというのが、ここ春日大社の始まりということになっています。奈良のシカとの共生というのは、おそらくそういうところから始まってきたのではないかと思います。シカというのは神さまのお告げを伝える動物だから大切にしよう。そういうところからシカとの共生ということが生まれて、現在に至っているのではないかと思います。

——動物というのは予知能力をもっているんですね。ナマズと地震とか、よくありますね。

ええ。あれは迷信でも何でもなくて、そういう能力を動物は持っているんです。人間も昔は持っていたと思うんです。でも、だんだん知識が発達してからなくなってきてしまった。昔の人はいまの人間とは違うから、かなりそういう能力を持っていたのだと思います。そういう話は『古事記』にもいくらでも出てきます。いわゆる神がかりということですね。いまでいうインチキな神がかりではなくて、本当の能力を持っている人がいたのだと思います。

有名なのが神功皇后の話です。ご主人は仲哀天皇なんですが、神功皇后という方は大そう霊感の強かった女性なんですね。ご託宣で新羅の国というのが朝鮮にあると神さまがおっしゃったのに、ご主人の天皇がその神さまのお言葉を疑い、「そんなところに新羅国があるか」と言われた。それを聞いて神がお怒りになり、神を冒瀆したということで、その天皇は神罰ですぐ亡くなられたという話が『古事記』に載っています。

神功皇后は人間の言葉で言われたのではなくて、おそらく神の言葉を言われたのでしょう。それは人には直接分からないから、人間の言葉に訳したのが武内宿禰《たけのうちのすくね》という人です。

この人は、神がかりした神功皇后の神の言葉を日本語に訳せた人なんですね。そういう人がいて、それで政治をやったわけでしょう。

ですから、政治が「まつりごと」といわれるのは、人間の知識でやるのではなくて、神の声を聞いて政治をやったというのが、もともとの日本の政治だったんです。だから、政治を「まつりごと」といったわけですね。

ちなみに、天皇というのはどういう存在なのかということをよく聞かれます。これは私自身の体験談なのですが、私がいちばんびっくりしたのは大嘗祭《だいじょうさい》のときです。天皇がご即位されていちばん最初の新嘗祭《にいなめさい》を、大嘗祭といいます。そのときに天皇がいわゆる大嘗宮のなかに入られて、天照大神に自らご飯を差し上げられて、そのご飯を天皇も召し上がる。そして天照大神と一つになる。それが本当に天皇になられるという儀式なんですね。いまでも行われているでしょう。

いまの天皇の大嘗祭のときに私は衣紋者として宮家の方々はじめ儀式に出る方々のお衣裳をお着けしたんですが、大嘗宮のなかにはもちろん入れないから、その入り口で待っているでしょう。そのときに、一つになられる前に入っていかれる天皇と、天照大神とご一体になって出てこられた天皇の違い、この威厳のすごさにみんなびっくりしました。天照大神と一つになるというのは本当だなと思いました。私だけが思ったのではなくて、そこに奉仕した人はみんなそう思ったのです。

いつも言うように、この宇宙の仕組みというのは、すべて同じ仕組みで成り立っています。例えば、ものの中央に核というものがあります。原子の中央に核があって、その周りを電子が回って原子ができる。何でも核があるんですね。太陽の周りでも、太陽が核で、地球が回って一つのものができる。ちょうどそれと同じなのが細胞ですね。細胞の中央には核というものがあります。そのなかに何が入っているかというと、遺伝子です。遺伝子というのは何かというと、神の命、知恵が入っているわけでしょう。百五十億年昔からの神の命と知恵と、それから三十八億年昔からの祖先の経験の知恵が入っているのが、遺伝子です。

われわれが吸った酸素とか栄養というのは、細胞の中心に入っていくんですね。しかし、それだけではわれわれは生きられない。そして栄養と酸素が結合してエネルギーを出すんですが、このエネルギーがあっても生きていけない。

どういうことかというと、たとえば自動車を運転するのに、エンジンとガソリンだけでは車は走らない。上に人間が乗ってハンドルを右、左、バックとやらなければ走らないでしょう。ですから、いくら酸素で糖を燃やしてエネルギーを出しても、それだけでは生きられない。それに人間にあたる存在が必要なんです。つまり細胞には遺伝子から指令が出ているわけです。神の命が来るわけです。これによって細胞は生かされているわけです。これができるのが天皇だと思うのです。

——それをやるのが、人の世界でいえば天皇であると。

ええ。我のない人というのは日本で天皇しかいらっしゃらない。われわれはカネをもうけたいとか、出世したいとか、みんな欲を持っていますが、天皇より上はないんだから、何になりたいという我もないでしょう。カネもうけをしたいというのもない。そうすると、天皇に神の知恵が天下るわけでしょう。その導きによって国を治めるというのが、いわゆる「まつりごと」だと思うんです。

総理大臣という立場でも、人間の浅知恵だけでやるからおかしくなるんです。それを知っていて、日本人は昔から上に天皇をいただいたわけでしょう。その下に将軍がいるんだけれども、その上に必ずこういう神の命を伝える方がいないと成り立たないということを、日本人は知っていたというのはすごいと思うんです。

ですから、天皇は現人神《あらひとがみ》だというと、おかしいとか何とかと言いますが、違うんです。天皇は神さまでなければいけないんです。しかし神さまそのものではない。神さまの心を伝え、命を伝える方でないと、正しい政治はできないということなんですね。

戦後、これをなくしてしまったから、日本の国はバラバラになってしまったんですね。

ですから、天皇制とか、封建制とか、戦争責任とか、そういうこととはまったく関係ないんです。宇宙の仕組みがこういうふうになっている。核がなければどうにもならない。核のないものというのは宇宙にないんです。そういう仕組みを知りなさいということです。

人間と生物たち

――動物の話に戻りますが、現代というのは人間の時代ではなくて、植物とか昆虫とか、そういう時代のほんの一瞬に過ぎないというような話もありますが、そういうことについてはいかがですか。

そういうことを言う人もいますが、結局、人間に神の世界を見させるというのが、神さまの目的なんですね。何のために生物がいるのか。無数の生物がいるのかというと、宇宙というのは、無数のもののバランスの上に、命が生まれるという仕組みになっているわけです。一個だけでは絶対に命は伝わらないという仕組みになっているんですね。そのために、われわれが考えたら、こんな生物はいてもいなくてもいいんじゃないかという生物がいっぱいいるでしょう。そういう生物が生きているということが、全体のバランスを取るのに大切なんです。

生物は、命を伝え、バランスを取るために生きているんですが、人間はただそれだけではなくて、神を見るという目的が与えられているでしょう。それが動物と人間の違いだと思うんですね。さっき言ったように、動物にはオスがあるけれども、人間はさらに父親でもある。こういうふうに、すべてのものが神を見させるための仕組みなんです。そういうふうに神さまは導いておられるわけです。それが動物と人間の根本的な違いだと思います。

それは、人間がすぐれていて、動物が下等だというのとは意味が違うんです。ただそれぞれの目的があるわけです。それは、人間の体を見てみると、よく分かります。どの細胞も同じ新陳代謝をしているんですが、ある特定の部分にグループを作ると、それが心臓になり、目になり、胃になり、腸になり、皮膚になりということで、みんなそれぞれ違った働きをするでしょう。どれが上とか下という意味ではなくて、一つひとつの細胞のそういう働きによって、全体としてバランスを取って生きているというのが人間です。

それとまったく同じで、虫けらが下等で、人間がすぐれているという意味ではなくて、虫は虫で生き続ける。全てが独自に生き続けることによって、そのお互いのバランスの中で人間も生かされるということでしょう。では、人間の体でどこがいちばん高等なのか。そんなものはないはずです。

たとえば心臓なら心臓がいちばん上だということで、みんなが心臓になってしまったら、生きていけないでしょう。心臓は心臓の働きをする。皮膚は皮膚の働きをする。腸は腸の働きをする。上下優劣というのではなくて、その役目が違うのです。それぞれの役目で命を伝えていくというのが、本来の姿ではないかと私は考えています。

——そういう意味でいいますと、微生物というのがたくさんいますね。こうした微生物とも共存しているということでしょうか。

微生物というのは、まだ進化が発達していないときの姿を、そのまま残している生物だと思うんですね。だから、微生物には、体からいっても細胞とか、そういうもののグループはないし、男女の区別もない。無性のものが多いわけです。昔は生物というのは性がなかったわけですから、そういう姿をそのまま伝えているのが微生物だと思うんですね。ですから、みんなそれぞれの姿で生きているんだということを知らないといけないと思います。人間がばい菌なんていうのは必要ないから殺したらいいというのではないんです。ばい菌を殺すと、人間も生きていけないということなんです。

共生というのは、前にも言いましたが、たとえば、山奥の未開の民族が森のなかに住んでいる。それが自然との共生かというと、そうではない。あれは自然のなかで生きている、普通の動物と同じ生活なんですね。共生というのはそういうことではなくて、それぞれの生物はそのままで生きていて、文明・文化を持った人間がそれに近づいて一緒に生きようというのが共生なんです。

一方、いまの外国人が考えている共生というのは、家畜と混同しているんですね。イヌを家畜として馴らして、イヌと人間が一緒に生活しようというのは、共生ではないんです。これは家畜です。人間の欲望のために、イヌを馴らしているというだけの話です。本当の共生というのは、イヌは自然に放して、イヌの自然な生活をさせておいて、人間がイヌに近づく。そしてイヌと一緒に生活しようというのが共生です。

それをやっているのが奈良のシカなのですが、シカは決して人間に馴れているわけでもなく、もちろん人間が飼っているわけでもない。またシカはただ春日の杜や奈良の町にいるわけでもないのです。シカはシカの自然な生活をしている。人間がシカに近づいているわけでしょう。それぞれの生活をしているんだけれども、人間が近づいてシカと一緒に生活しましょうと、これが共生なんです。

外国人の考えている共生というのは、家畜的な考え方なんですね。だから、木が生えていなければ、ここに木を植えたら自然が回復するだろうとか、ここへこんなものを作ったら自然が回復するだろうといろいろ人間が考えてやるわけです。しかし木は木の生活というものがあるんですから、自然に木には生きてもらう。それに人間が近づいて木と一緒に生活しましょうというのが、共生です。

――つまりわれわれの方から働きかけていくわけですね。

そうです。それが共生なんですね。家畜ではない。昔の日本人はそうしていたでしょう。どこか縄文時代の集落跡か何かを発掘するとイヌの骨が出てきたり、足跡が発見されたりするでしょう。そうすると、縄文時代に日本人はイヌを飼っていたと、すぐ考古学者はそういう解釈をしますが、私はこれは違うと思います。

当時の日本人は、イヌを飼ってはいなかったと思うんです。イヌと共生していた。どういうことかというと、人間が住んでいると、残飯が出るでしょう。それをイヌに与えた。イヌはその人間のおこぼれで生活してきた。その代わりイヌが人間の周りにいると、オオカミとか何かが来たときに、吠えて知らせてくれる。人間を守ってくれる。この形が共生だと思うんです。決してイヌをこちらに馴らそうとしたのではない。イヌはイヌで生活している。人間は人間で生活する。お互いが接近して一緒に生きようと。おそらくそうだったのでしょう。

アレルギーと花粉症

――ところで、現代病というか、文明病だと思うんですが、アトピーとか、花粉症というものが問題になっていますね。

花粉症なんていうのは、昔はほとんど聞かなかった病気ですし、アトピーなんていうのは昔は赤ちゃんの病気でしたね。これがいつの間にか大人にまで広がってしまった。たしかにこれも、体の自然の循環のバランスが狂ったからだと思うんですね。だからアレルギー反応としてでてくるんですね。

アレルギー反応というのはどういうことかというと、拒絶反応です。結局、いろいろなものを拒絶する免疫反応です。それによってわれわれは、ばい菌が入ってきたらそれを免疫細胞がやっつけてくれる、それで生かされているんですが、拒絶反応が過剰になってしまう。過剰に反応したのがアトピー、花粉症などのアレルギーです。

たとえば昔の子供というのは、青っぱなを出していましたね。袖でそれを拭いていたから、袖がゴワゴワでしたね（笑）。このごろは青っぱなを出す子供はほとんど見られなくなったでしょう。青っぱなというのはどういうことかというと、風邪などのばい菌が鼻の粘膜につくわけですね。昔の子供は抵抗力があるから、風邪のばい菌を免疫細胞が殺すでしょう。そうすると、その死骸を外に出さなければいけない。そのために青っぱなを出して外へ押し出しているわけです。

そうして、鼻についた風邪のばい菌を殺すために出てきた抗体が、今度はアレルギーを抑える作用を持っていたんです。過剰反応を抑える。だから、昔は花粉症とかアトピーは起こらなかった。

ところが、このごろは薬でばい菌を殺してしまうから、人間の体が抗体を作る必要がなくなってしまう。つまり抵抗力がないでしょう。この抗体がアレルギーを抑えていたのに、抗体を作らないから、今度はアレルギーが出てきてしまった。これが花粉症とかアトピーが起こる大きな原因なんです。

そういうふうに、自然の循環というのはうまくできているわけでしょう。抗体を作れば、それがアレルギーを抑えてくれる。それが薬でばい菌を殺すから抑えられなくなって、アレルギーが起きてきてしまったということです。

このごろもっとひどいのは、肝炎とか、膠原病とか、そういうのがあるでしょう。自分の体を守るのが免疫細胞ですね。免疫細胞というのは異物を攻撃する。ばい菌とか異物が入ってきたときに、これをやっつけて人間を守るのが免疫細胞です。ところが、いまは生活が狂ってしまって薬漬けにするものだから、免疫細胞の遺伝子のコンピュータが狂ってしまったんですね。それで、自分の体を守るべき免疫細胞が、自分の健康な細胞をやっつけてしまう。これが肝炎です。こういうものがいっぱい出てきてしまったんですね。自分で自分をやっつけてしまう。

——肝炎とか、いま大変な話になっていますね。

ええ。肝炎というのは、肝炎ビールスで起こるとみんな思っていますが、そうではないんですね。ばい菌というのは、体の細胞と戦ってその細胞を殺してしまうので、抗体はばい菌を見つけてばい菌に向かっていきます。ところが、ビールスというのは、細胞のなかに入るんです。そして、核のなかに入ってしまうんです。そこで、遺伝子を破壊する。遺伝子を破壊するのがビールスなんです。つまり異物であるビールスをやっつけに、白血球などの免疫細胞が集まって来るでしょう。ところが、細胞のなかに入り込んでいるものだから、どこにビールスがいるか分からない。そのために健康な細胞でも何でもやっつけてしまう。それが肝炎とか、そういう病気なんですね。

なぜこうなったかというと、母親です。母親の過保護にもその原因の一端があると思います。いったいどういうことかと聞かれても難しいんですが、つまり白血球の中に免疫細胞というのがあります。これは最初は異物を攻撃する能力を持っていないんです。生まれてからそういうふうに教育されて身につけていく。それはどこでやるかというと、胸腺というところです。この胸腺が白血球の細胞に敵味方の見分け方の教育をするんです。

——胸腺が識別できる教育をすると。

ええ。ところが、この白血球を胸腺が甘やかすとベッタリくっついて、みんな死んでしまうんです。胸腺が何か出して白血球を教育するんですが、母親が甘いと、白血球がベッタリ胸腺にくっついてしまうんですね。そうすると、みんな死んでしまいます。そうかといって、これが遠のくでしょう。これも死んでしまうんです。どういう状態がいいのかというと、近づかず離れずにいる白血球だけが、そういう敵味方を識別できる免疫能力を持つんです。

――くっつきすぎてもだめだし、遠すぎてもいけない。どちらも白血球は死んでしまうんですね。

そうです。つかずはなれずの中間にいる白血球がそういう能力を持つ。ところが、いまは、母親ベッタリか、母親の役割を果たさないかでしょう。体がこれと同じ状態になっているんです。だから、識別ができない。敵味方の区別が分からないから、味方をやっつけてしまうんです。こういうことですよ。

ですから、教育というのは母親ベッタリでもいけないし、ほうりっぱなしでもいけない。そのつかず離れずというところが、最高の教育なんですね。教育そのものを人間の体がやっているんです。昔はそうやっていたから、自分で自分の体をやっつける病気は少なかった。戦後多くなってしまったんですね。ですから、私はいまの教育というものによって、こうしたおそろしい病気が増えてきたんじゃないかと考えているのです。

――家庭の教育が大事なんですね。

いまの子供には判断能力がないんですね。そうでしょう。いまの人は、大学を卒業して世間に出ても、判断能力がない。だから、上から言われることだけはするけれども、自分で考えてやることのできない人がいっぱいいるでしょう。ですから、昔はなかった病気がいまはいっぱいありますね。自分で自分をやっつけるんですからね。

よくあるでしょう。湾岸戦争をテレビで見ていると、イラクがミサイルを発射する。そうすると、こちらからもミサイルを発射してコンピュータが働いて正確に打ち落とすでしょう。でももし、このコンピュータが狂ったら、ミサイルだけでなく飛行物と見たら何でもかんでもやっつけてしまう。味方だろうと、敵だろうと、おかまいなしに飛んでいるものを見たらミサイルが発射され、打ち落としてしまうでしょう。コンピュータが完全に狂ってしまう。そういう状態の病気がいまたくさんありますね。

アレルギーでもそうです。アレルギーというのは過剰反応ですから、来たというとミサイルを発射してしまう。そうすると、敵だろうと、味方だろうとやっつけてしまうのが、花粉症であり、アトピーなんですね。昔もスギの花粉はいくらでもありましたが、過剰反応しないから、花粉症にはならなかった。ところが、このごろは異物と見たら全部ミサイルを発射してしまうから、過剰反応で花粉症が起きてしまうんですね。

――この前、テレビで、花粉の飛ばないスギを作るという話をやっていましたね（笑）。

いったい何を考えているんでしょうね（笑）。そういう発想ではなくて、花粉症にならない体を作れということなんですね。これが進化です。こっちを変えないでおいて、相手を変えるなんて言語道断です。

それでは共生ではないでしょう。スギがスギの花粉を飛ばすのは当たり前です。だから、「スギさん、どうぞ花粉を飛ばしてください。われわれは一緒にいますが、われわれの体を変えます。進化します。そういうものに害されない体を作ります」と、これが共生です。それを自分を変えないで、スギの花粉をなくそうだなんて、とんでもない話でしょう。こんなことをしていると本当に滅んでしまいますよ。

進化のありがたさ

――進化することによって共生していくわけですね。

「馬の胃と人の胃」という話があります。進化のありがたさがわかりますね。どういうことかというと、食道があって、胃袋というのがあるわけです。レントゲンで見ると、この食道と胃の境にバルブがあるんですね。ここに門がある。医学的には噴門といいます。胃から十二指腸になって腸になるわけです。ここの出口にも門がある。これを幽門といいます。

ご飯を食べるでしょう。そうすると、胃で消化されますね。胃のなかにご飯がとどまってくれなければいけない。しかし、この門がなかったら、上へ行ったり下へ行ったりして、ご飯がどこかへ行ってしまう。だから、この門である程度閉めておいて、胃のなかにご飯を置いて、消化する。消化できたらこれを腸へ送る。こういうシステムになっています。

ところが、ウマはこの門がきつすぎるんです。弁がギュッと閉まっている。もちろんご飯を食べて消化できたら、腸に行くんですよ。ところが、変なものを食べると、人でもウマでも発酵するわけです。そうすると、胃にガスがたまるでしょう。ウマは門がきついから、ガスが外に出ないんです。それで胃が破裂して死ぬんです。

――そういうことがあるんですか。

そういうことがあるのではなくて、ウマはそうなんです。だから、変なガスの出るものを食べさせたら死ぬんです。ところが、人間はありがたいことにゲップが出るでしょう。これが人間の進化のすごいところです。これは何でもないようですが、これは神さまが与えたものすごい進化のおかげなんですね。だから、すべてそういうふうにありがたい仕組みになっているんですね。ゲップを出して「失礼いたしました」なんて言うけれども

（笑）、ゲップが出なかったら死ぬんです。だから、ゲップもありがたいものなんですね。

このバルブを閉めるだけだというのが、ウマなんですね。ところが、人間は閉めるだけではない。必要なときにはさっと開く。きつからずゆるからずというのが人間なんです。この違いなんですね。

——病人でも、体力が落ちてくると、この噴門のバルブがちょっとゆるんでしまって、よく吐いたりもどしたりということがあるそうですね。

ええ。もどるのがいいんです。もどらなかったら死ぬんです。おそらく胃ガンの人というのはバルブの力が強いと思いますよ。あるいは、食道ガンというのはだいたい噴門のあたりにできるんです。たぶんバルブがきついと思いますよ。頑固だか何か知らないけれども、ゲップを出さないいんですね。出さないで我慢していると、体がおかしくなり、それが原因でついには食道ガンにもなってしまうのだと思います。ですから、生かされてありがとうと言ってゲップをする（笑）。これがガンにならない方法の一つですね。

もう一つは、汗です。これも人間というのはうまくできていて、われわれは夏に暑いと汗をかくでしょう。これは当たり前だと思っていますが、これは人間だけなんですね。

動物は暑さで汗はかかない。ウマも汗はかくけれども、ウマが汗をかくのは走ったときだけです。競馬したあとは滝のように汗を流します。ところが、暑さでは汗が出ない。この違いが、人間が進化した最大の要因なんです。動物は毛で覆われているでしょう。だから、寒さには強いんです。ところが、暑さには弱い。汗をかかないから発散できないでしょう。だから、夏になるとイヌが木のかげでハーハーと息を荒げているでしょう。

――そうですね。口を開けて舌を出してやっていますね。

口から熱を出しているんです。皮膚からは出ないんです。だから、イヌは暑くなると動こうとせずじっと寝ていますね。真夏でも歩いて働いているのは、体温調節ができる人間だけです。夏冬構わず働くことができる人間、これが進化なんです。どんな状況でも活発に動くことができるよう、人間は皮膚から毛を取ったんです。これは最大の進化です。人間の体にはなぜ毛がないか。これは暑さに耐えて汗を出すためです。その代わり冬は着物を着る。これが人間の進化の最大のものです。ところで、人間でいうと女の人のほうが毛が少ないでしょう。

――そうですね。男のほうが毛深いですね。

あれは男より進化しているからなんです。暑さに平気なようにしているわけです。女の人の体というのは暑さに耐えられるようになっているんです。女の人というのは、夏冬あまり着るものが変わらないでしょう。看護婦さんなんて、夏でも冬でも同じです。あの白衣一枚です。平気な顔をしていますね。男だったらいっぺんで風邪をひきます。女の人はちゃんと下に脂肪を蓄えていて、毛はない。暑さ寒さに耐えられるように女の人の体はできているんです。すごい仕組みにできているんですね。ですから、女の人は男より健康で長生きするんですね。

バランスと真実の健康

要するに健康というのはバランスが整ったときが健康であって、バランスが崩れると病気になる。こういうことで簡単なんですが、全身のバランスを整えるというのは非常にむずかしいことなんですね。

たとえば昔、天秤という目方を計る道具があったでしょう。片方にお皿が吊ってあって、もう一方に重りを下げるようになっている。そして真ん中に支点がある秤がありますね。この天秤を水平にして重さを見るのですが、これはよほどうまくバランスを取らないと正確には計れません。ところでわれわれの体というのは百パーセントバランスが整ったときが健康なんですが、この常に百パーセントを求めるというのは至難の技なんですね。

ですからたとえば、歯を一ミリ削っただけでバランスが違ってくるということなんです。それで健康にもなり、病気にもなる。こういうことなんです。だから、歯医者さんが歯を一ミリ削ったら、パッと健康になったということがよくあります。また逆の場合もありますが。

——なるほど。歯医者さんはよく削ったりしますね。

あれは単に虫歯だから削り取るのだろうとか、そういうことしかわれわれは考えていませんが、本当はそうではなくて、歯を一ミリ削っただけでバランスが狂ったり整ったりするのです。そうすると、歯だけで病気が治ったり、病気になったりするわけです。それは昔から言われています。だから、いかにバランスを維持するということがむずかしいか。百かゼロですからね。

——バランスというのは百かゼロである。

ええ、九十何パーセントのバランスというのはない。九十何パーセントだったらバランスは狂っているわけでしょう。それではどこかがおかしくなってくるということです。だから、健康を維持するというのは並たいていのことではないですよ。常に努力して、常にバランスを整うようにしなければならない。しかしこれは現実的に不可能だから、そこで日本人は祓いということを行なってきたんです。

——それで、祓いを行なってきたと。

ええ。日本人は、罪・穢、つまり我欲によってバランスが崩れるということを知っていたから、常に我欲をなくして、神さまに生かされる生活を目指してきたのです。これは、自分でバランスを整えようとしなくても、神さまはちゃんとバランスが整うように、人間の体をしてくださる。そういう考え方です。これが生かされているという考え方です。

自分で生きているというと、自分でバランスを整えなければいけない。不可能ですよ。百パーセントのバランスを自分の力で維持するなんていうことは、できるわけがない。歯を一ミリ削ってもバランスが崩れるわけですからね。

ですから、そんなことできるわけがないから、日本人は罪・穢を祓いましょう。我欲をなくしましょう。すべて神さまに生かされる生活をしましょう。そうしたら神さまはバランスを整えてくださって、健康な生活をさせてくださる。そういって昔から真実の生活を送ってきたのです。これは最高の生き方だと思います。

ところが、外国人は、薬とか何かで、自分の力で健康を作ろうとするでしょう。そこで間違ってきてしまうんです。ですから、私は日本人の、つまり神道の考え方というのはすごいと声を大にして言っているのです。世界にまれなる考え方ですから、これを実践している日本人が世界を救うというのは当たり前なんです。何でもないようですが、しかしすべて我欲をなくす生き方というものが、これからの人間の生き方の目標にならなくてはならないでしょう。

——やはり我欲というのが人間にとっていちばん大きな問題でしょうか。

ええ、そうです。すべての間違いは我欲から起こっています。これをなくすことです。ですから、まえにも言ったように、言葉にしても、あれは自分の意思を伝えるのではなくて、神の心を音で表現するのが言葉です。形で表現するのが文字です。神さまが与えられたわけでしょう。それを、自分の意思を伝えるために言葉を使うから間違ってしまうのです。

動物には言葉がないけれども、意思は通じているわけですね。言葉でなくてもお互いの意思は通じるでしょう。何のために人間に言葉を与えたかというと、お互いの意思の通じ合いではなくて、神を表現するために言葉が必要なんですね。それを全部忘れてしまって、自分の意思を伝えるために言葉がある、文字があると思ったところに、間違いがあり、ボタンのかけ違いがあったわけです。

——当然のことながら、我欲というものと努力とか向上心というのは違うわけですね。

ええ、似てはいますが、違うものです。向上心というものの意味が違うんです。自分の我欲を満たすために努力するということだったら、これは結局、我欲と同じことです。本当の向上心というのはそういうことではなくて、神に近づくための向上心ということですね。これは我欲とは違います。そこには我欲もなければ、競争もないわけです。

自分が神に近づくんですから、競争はないですね。相手を蹴落としながら近づくなんてことはないでしょう。自分が神に近づくんですから、それは神さまと自分だけのことなんです。これが本当ですね。我欲もなければ競争もない。近づかないのは自分が悪いだけです。相手のせいではない。我欲をなくし続け、神さまに近づく努力をすればいいわけでしょう。相手は神さましかいないんです。そういう生活が真実の人間の生活です。

――神さまに近づけば近づくほど、バランスが整い健康になるということですね。

そうです。ピアスというのがありますね。女の人がよくつけている耳飾り。あれも結局、人間の我欲の浅はかさですよ。結局、人間の体がどうして造られたのかということが分かっていないから、ファッションだと言って平気で耳に穴を開けて着けるのだと思うんです。人間の体というのは、何度も言っているように、すべて宇宙の縮図なんです。

東洋医学のツボなどというのは、目に見えない、存在しないといまの医学では言うけれども、とんでもない間違いで、神さまはそういう目に見えないツボというのを人間の体のなかに作られて、バランスを整えるようにしておられるんです。そのツボがどこにあるかというのは目に見えないけれども、経験である程度のツボは東洋医学で分かっています。

では、耳は何のためにこんな形をしているのか。いまの医学だと、音を聞くための形だと言っています。だったら、こんな複雑な形でなくてもいいはずです。ところが、東洋医学ではこれは胎児の姿であると言います。胎児がおなかのなかにいて、頭が下で、上がお尻で、丸まっている姿そのものである。胎児の姿がこれである。そして胎児であるとともに、自分自身の体そのものであると言われています。私はこれは本当だと思うんです。ですから、この耳のツボを利用して全身の治療をする方法というのもあるんですね。

そうすると、耳たぶは顔なんです。その顔の中心に何があるかというと目があるでしょう。ここに目のツボがあるわけです。そこに穴を開けたら、目がおかしくなる。だから、ピアスをやったために目がおかしくなった人は、いくらでもいますね。どうかしたら失明するかもしれません。

こんなところに穴を開けてなぜ失明するのかと、いまの医学では言うけれども、これは当たり前のことです。顔の真ん中に針を刺すようなものですから。ですから、耳たぶにピアスなんてやってはいけない。はさんでいるのならまだいいんです。ところが、穴を開ける。これはツボを破壊することですね。

いま言った医学の立場もそうですが、最近は何でも理屈でいくでしょう。そうではなくて、神の姿を見なさい、見る努力をしなさいと言っているわけです。人間の体がどうしてこういうかたちに造られているのか。そういうことを知りなさいと言っているわけです。

――なるほど。逆に言えば体のバランスが崩れた状態が病気ということになるわけですね。

緑に覆われた境内・表参道（撮影・桑原英文）

ええ。むかし、九州薩摩の殿さまが参勤交代で舟で薩摩まで帰る途中、その舟の船頭がふぐ中毒に罹って死にそうになった時、殿さまから砂糖を少しもらって飲んだら、いっぺんに中毒が消えて回復したという本当の話があります。いまの医学で、中毒が砂糖で治るという人は一人もおりません。しかし、昔は砂糖というものは貴重品で、殿さまだけが少し持っていたわけです。その貴重な砂糖をもらったことに対して感激し、感謝したら、船頭の我欲が消えて体のバランスが整い、ふぐ中毒が消えたということになるのです。

また戦争中は食糧がなく、みんな白米などはほとんど食べられませんでした。病気になっても、薬というものもほとんどなく、医者もみんな戦地に行っておりませんでした。そのような時に病人に白米のご飯を食べさせたら、ほとんどの病気が回復し、また食べさせなくても、ビンにお米を入れて、お米の音を聞かせただけで病気が回復したということが実際起きておりました。これもまためったに見られない白米を食べたり、その音を聞いたという感動が、心の感謝に変わり、体のバランスを整え、病気を実際に治したのです。これはつまり、「ありがたい」と思うと、我欲が消えてバランスが整うということなんですね。バランスが整うと病気が消える。ですから、病気というのは薬で治すのではなくて、バランスを整えるということが健康を回復するということなんです。

そんなことは非科学的だなどと言う人がいますが、そう言うほうが非科学的なのですね。

人間の体というのは疑いようもなくバランスで健康が保たれているのです。それは人間の力だけではほとんど不可能です。ですから、「ありがとうございます」と神さまに感謝しなさい。そうしたら我欲が消えてバランスが整います。薬の何百倍も効くパワーが生み出され、病気を消し、バランスを整え、健康になるのです。

ですから、学生時代、私が結核からよみがえったのも、ありがたさに涙がとまらなかったということで、よみがえったのです。ただ「ありがとう」ではだめで、感激して涙を流すぐらいの感謝をすると、バランスが整うんですね。ただ、なかなかそういう状態にはなりませんが。

ですから、病気でも何でも不幸なことは、感謝というものの大切さを分からせるために与えられた神さまのお知らせだと思うんです。さっきも言ったように、夜を知らせるためにはまったく反対の昼を見せなければ、夜が分からないのと同じように、病気というものを見せなければ、健康のありがたさというのは分からないんですね。

神さまはすべて正反対のものを見せて、本当のものを知らせようということなんです。これが自然の仕組みです。神さまがいらっしゃるなら、なぜこんなに不幸があるのか、悩みがあるのかと言う人がいますが、そういうものがなければ、本当のありがたさというのは分からないんです。

われわれは死ぬから、生きているときの大切さが分かる。永久に死ななかったら、生命の尊さなんて分からないですね。そういう意味で、人体の命というのは有限だから、有限の間に一生懸命に生きようということになるわけでしょう。病気をしても、交通事故にあっても、死ぬことがなかったら、命の大切さなんていうのは出てこない。ですから、まったく正反対のことで知らせようという仕組みなんですね。

ですから、病気になったら、感謝が足りないんだなと気が付けばいいんですが、それに気が付かずに、薬とか何かで治そうというから間違ってくるんです。本当に感謝するということがいちばん大切なことなのです。

終章　〈こころ〉をたもつ

日本人の特徴

——ここではまず、日本人の特徴というところからお聞きしていきたいと思います。

日本人の特徴というのは、先ほども申しあげたように、こういう四季のあるすばらしい自然に恵まれた日本列島に何万年も住んでいるというところから、その特徴が育まれてきたわけです。それに対して、外国のキリスト教とか仏教とか、そういう宗教を見ると分かるように、すべて自然環境や社会秩序の厳しいところから生まれてきています。ですから、どうしても人間の力で自然でも秩序でも造り変えていかなければ生きられない。そういう状況から出ていますから、やはり自分の力で何とかしようとするのでしょう。

ところが日本人は、自然に恵まれているから、自分で何かする、周りを変えていくというのではなくて、自然に生かされているということをこの何万年かをかけて体で感じ、そういう生かされているということに感謝してきた民族なんですね。私はこの、生かされているという心が、神道として結実したんだと思っていますが、これは他の宗教とは全然成り立ちが違う。そして、これが日本人の世界唯一なる特徴であり、その特徴によって、真実の生活をしているのが本来の日本人であるはずです。だから、神さまがなぜ日本人を誕生させたかというと、こういういま現在の状態になることを神さまはご存じで、そして地球の末世というか、こういう時代を救うために日本人を生み出されたのではないかと思うんです。また、それを知って叫んだ外国人がいるんですね。

世界的な科学者であったアインシュタインもその一人です。研究も究極までいくと、全ての真理に通じるところまで到達するのではないかと私は思っておりますが、アインシュタインは外国の唯物的というか、そういう理屈の世界というのは、いずれ限界が来る。そういうことを直観で知っていたのではないかと思うんです。

前にも話しましたが、そのアインシュタインが大正時代、日本に来ているんです。その時、日本について語っていることなのですが、科学の発達によって、外国はみんな武器を争って作って、お互いに戦争をやるだろう。そして、最後に疲れ果てるだろう。そのときに本当の人生に目覚めるときが来るだろう。それをするのが日本人である。日本人の生き方というのは、人間の本当の生き方である。そして、この日本列島にこういう日本人を造ってくださった神さまに、心から感謝する。そう言われています。何と大正時代にそう言っていたのです。

そうしたら、やっぱりそのとおり大戦争が起こって、アインシュタインの言ったとおりの世の中になってしまった。また外国人で、アインシュタインと同じように、日本人が世界を救うだろうと言う人が、だんだん増えてきています。問題は、その肝心の日本人が気が付いていないということなんですね。

ですから、神さまはこのままほうっておかないから、日本人はおそらく目覚めるだろう。これは希望なんですが、そう思っているんです。何とかして一日も早く目覚めてくれなければ困る。私自身の経験では、人間というのはどん底まで落ちないと目覚めないものだから、神さまはわざと日本人をどん底まで落とすのだろう。そして原点に戻らせるのだろうと思うのです。

この原点というのは、戦前とか明治維新とか、そういうことではなくて、日本人の原点というのはずっと遡って縄文時代にあると私は思っています。縄文時代というのは文明はそんなに発達していなかったでしょうが、日本人としての心は本当に最高の時代だったのではなかったろうかと思います。そして弥生時代になって大陸からいろいろな文明が入って来て、ものの文明は発達したんだけれども、日本人の心がだんだん失われていったのだと思うんですね。

そして、最後まで失われたのが今回の敗戦です。だから、日本人の心が失われたというのは、この戦争に負けたからではなくて、もう弥生時代から始まっていたと思うんです。それも神さまのお導きで、そのときはまだ文明はどれぐらい発達していたか知らないけれども、結局、日本に文明というものを発達させたわけでしょう。その代わり心というのはだんだん失われて、いまはほとんどゼロになっていますね。わざとそうさせたのではないかと思うんです。そして、とうとう、というか、やっと目覚める。そして最後に、精神文化と文明、その両方を持った本当の日本人がよみがえってくる。そして世界を救うのだと思います。そのために、わざわざ神さまは弥生時代から文明を与えて、文明と心の両方を日本人に経験させておいて、そして最後にどん底まで落としておいて、この両方を備えた世界唯一の日本人に生まれ変わらせるのだろうと私は信じております。

ですから、縄文時代の日本人そのままではだめなんですよ。それに文明が加わらないと本当にできないでしょう。私はそれが共生だと言うんです。心だけだったら、アマゾンの未開民族のほうがすぐれているんですが、そこに文明がないわけですね。その両方を備えたのが日本人だと思うんです。

そのために二千年ぐらいかかって、神さまは日本人の心を落としていかれたわけでしょう。こう考えていくと、神さまのやることはすごいんです。そうした、神さまのお導きを知らないで右往左往しているのがいまの日本人でしょう。しかし、もうじき本当の日本人が生まれるときが来る。おそらく二十一世紀には生まれるだろうと思うのです。

――それと関連するかどうかわかりませんが、宮司は「ヒラメと日本人」ということをおっしゃっていますね。

これもおもしろい話でなにかの本に書いてありましたが、ヒラメというのは海の底にいて、保護色というのが非常に強くて、土のなかにもぐって、またたく間に土と同じ姿に変えてしまう。そして、目だけ出しておいて、小魚が来ると突然飛び上がって飛び付いて食べてしまうんです。

これはいまの日本の若者と同じだと言うんです。いまの若者は、ファッションやアクセサリーで目立つようにしているだろうけれども、本当はそうではなくて、何かあると大衆のなかに隠れて逃げてしまう。卑怯だと言うんですよ。そのくせ弱い者が来ると、いじめたり殺したりする。そして、自分の状況が悪くなると逃げてしまう。大衆のなかに入って姿を消す。ヒラメと同じである。こういうことで、日本の若者はヒラメであるといっているんです。もうひとつ、このヒラメという魚はどうやって体を保護色にするかというと、ヒラメというのは、目が片方にあるというのが特徴なんですね。左側にあるのがヒラメ、右側にあるのがカレイ。日本人はそう呼んで分けていますが、本当はいろいろな種類があるようです。目の位置だけで分けている。そうすると、片方にあると片方しか見えないでしょう。片方の目だけで見て、その保護色に変える。そこで、こういう実験をやったというんです。

ヒラメの顔から上のところを黒い板にして、下は白い板にする。そうすると、目ではこの黒い板しか見えない。だから、真っ黒の保護色になるんですね。ところが、下は白い板です。そうすると、保護色どころか、目立ってしまうでしょう（笑）。

日本人はこれと同じだということなんです。これは敵から逃れるための保護色でしょう。ところが、逆なんです。敵から目立つようになってしまう。だから、いまの日本人は目先だけで、理屈でいいとか悪いとか言って、順応したように思うけれども、そこから下は目立っている。逆に敵からやられる。ヒラメと同じだと言うんです。ですから、もっと全体を見なければいけない。片側だけで見て、目の周りだけを見るから、間違うんだという話なんです。

ということでつまり、いつも言っているように、宇宙の神の本当の世界を見なさい。それによって自分の体を変えなさい。と、こういうことなんです。わずかな理屈、一方の見方だけで、これがいいとか正しいと言っても、実際は逆なんですね。これがいまの姿だと言っているわけです。自分でいいと思っていることが実は逆で、まったく自分で自分の首を締めてしまっているのではないですか。

ヒラメのために一言すれば、自然にはこんなところはないですね。自然は全体が砂だから、それでいいけれども、いまはそんなことでは成り立たない世の中です。環境の変化というのは目まぐるしく変化して、全部が同じなんていうのはない。そうすると、全体を見ないと、とんでもないまったく逆の結果になる。自分でいいと思ったことが全部逆になりますよということなんです。それが逆になっているのがいまの日本の姿です。

感謝ということ

――なるほど。つまり日本人には日本人の命があるように、命というのはいろいろな民族によってそれぞれ違うわけですね。

ええ、違うのです。これもさっき言ったように、命というのは遺伝子を子に伝えることで伝わるんです。命を伝えるというのはこの方法しかないわけで、親の遺伝子を子に伝える。子が親の遺伝子を受け継ぐ。これしかないわけですね。

三十八億年昔に生物ができたときは、この遺伝子のなかの情報は、全部神さまの命だけだったんです。百五十億年昔からの生きる知恵だけが入っていたんですが、三十八億年前から生物の命が加わった。そのときから、生物の歴史が始まる。ですから、いま言ったように、遺伝子のなかに祖先の記憶が入ってきたわけです。神さまの命と祖先の記憶の知恵が伝わるということになってきたわけでしょう。

そうすると、この遺伝子からいろいろな生物が生まれてきますから、それぞれ全部、歴史が違うでしょう。この祖先の記憶が全部違う。経験が違う。命が違ってくるわけでしょう。ですから、人間も最初はみんな同じだったんだけれども、人種というものができてきた。それがずっと来て、歴史が違ってきたでしょう。そうすると、その民族によって全部、命が違うということなんですね。

ですから、日本人は日本人の命、アメリカ人はアメリカ人の命ということで、別々である。これを同じと考えたところに間違いが起こったんですね。命というのは歴史から伝わるものだから、私が日本人は日本人の歴史から子供に命を伝えてくださいというのは、当たり前のことなんです。こうやってはじめて、日本人の子供たちに命が伝わって、命が続くということなんです。

ところが日本では、戦後、伝統や歴史を捨ててしまった。その代わり、アメリカのそれを持ってきたでしょう。何でもアメリカ一辺倒ですよね。それで、命が伝わらなくなってしまったんですね。アメリカのはアメリカ人の命です。そうではなくて、当たり前のことですが、もう一度日本人の命を子供に伝えてくださいと言っているわけです。

日本人の歴史や伝統を母親が子供に伝えてください。母親しか伝えられる人はいないんですから、母親が子供に命を伝えてください。こう言っているんですね。そうでないと、いまの子供には命は伝わっていきません、ということなんです。

ですから、いまの日本人の若者で、自分は日本人だと思っている人は少ないでしょう。ましてや日本人の誇りなんてかけらも持っていない。ということは、命がないということでしょう。何かといえば「古い。カンケイない」と言うでしょう。これは命がないということです。それは明らかですね。ですから、子供に日本人の命を伝えてください、歴史を伝えてくださいと言っているわけです。

じゃあどうしたらいいんですかと言うから、「日本人の命の基本というのは、すべて神と祖先を祀って、それによって生かされているという感謝の生活である。これが日本人の命の基本である。まずこれを子供に伝えてください」と、こう言っているわけです。何も宗教の話をしているのではなくて、真実なんだから、これを伝えるということです。

これを人間の体でやっているのが新陳代謝です。新陳代謝とは、古い細胞が新しい細胞に遺伝子を伝え、そして新しい細胞がよみがえってくるということで、これによってわれわれは生かされているということです。すなわち、昔からの神さまと祖先からの生きる知恵を伝えることによって、われわれは生かされているのです。この新しい生命の誕生には、非常に膨大なエネルギーが必要なのです。われわれの体は何千億という細胞でできています。この細胞全部が絶えず新陳代謝を行っているので、そのエネルギーを得るためにわれわれわれは食事をし、呼吸をして酸素を取り入れてエネルギーを得て新陳代謝を行うのです。こうやってわれわれは生きているのですが、細胞の中には昔からの遺伝子を伝えない細胞が現れることがあります。これがガン細胞はじめいろいろな病気をおこす細胞です。すなわち、昔からの命を伝えなくなると、われわれは神の気が衰えて病気になるのです。

――ガン細胞というのは命を伝えないんですね。

ええ。ガン細胞というのは、現代の日本の若者と同じで、おれは祖先なんて嫌いなんだ。おれはおれで自分で分裂していく。こういうのがガン細胞なんですね。ガン細胞には人間の命は伝わっていないんです。勝手に自分だけ増えていって、最後には人間を殺す。だって、命が伝わっていないんですからね。ガン細胞が増えてしまったら、命が伝わらなくなるでしょう。そして死ぬという仕組みですね。だから、命を伝えていけばガン細胞なんて出てこない。確実に命を伝えていれば、ガン細胞は出てこないんです。

ですから、いつも言っているように、人間の体というのは宇宙の縮図なんですね。そしていま日本人の社会のありさまと、いまの人間の体の病気の姿というのは、まったく同じものです。いまの日本の社会の写しが人間の体の病気になって現れていますよということです。これが現在のわれわれが生きている姿です。

――そういうことですと、科学は宗教というものともつながってくるということでしょうか。

努力

そうですね。科学と宗教というのはまったく相反するものだと言いますが、それはまったくの誤解であって、科学も宗教も、神の姿はどういう仕組みになっているかということを研究しているんですね。同じことなんです。ただ、方法が違うだけです。それを勘違いしてしまって、科学で分かったことを人間の利益のために使おうとするから、間違ってきてしまうんです。科学というのはそういうものではなくて、知識でも何でも、神の世界はどういう仕組みなのかということを研究し、それを表現するための、神さまから与えられた方法なんです。それを自分の欲に使うから間違ったんです。

人々は太陽の光というと明るくて暖かいと、たいていの人はおもっています。しかし、もし太陽の光が明るく暖かいなら、太陽と地球の間の宇宙空間も明るく暖かいはずですが、実際は太陽の光があるのに真っ暗で冷たいのです。なぜでしょうか。これは太陽の光は宇宙空間では単なる波動であって明るくも暖かくもありません。しかしこれが地球の回りにある空気にあたると、そこで反射して明るい光と熱が出てくるのです。反射しなければ光も熱も出てきません。

これと心の感謝は全く同じことです。神社に毎日たくさんの方が参拝に来られ、ご祈禱を受けておられますが、例えば入学祈願で子供と一緒にお母さんが来られます。子供が希望通りの学校に入学できたら神さまに感謝するお母さんはいらっしゃいますが、入学できなくて神さまに感謝するお母さんはおりません。これでは感謝でもなんでもなく、商売の取り引きと同じことです。これだけのお賽銭をあげますから、神さま、入学させてくださいということです。そして希望通りになった時だけ感謝するのです。

先ほども言いましたように、太陽の光は明るい日光と暖かい熱が出てから反射するということは、この宇宙には存在しません。反射してはじめて光と熱がでるのです。だからこれと同じで神さまにお恵みをお願いするのではなくて、理屈なくありがとうございますと感謝したら、その時はじめて神さまのお恵みがいただけるというのが本当のことです。ですから、科学で言う光の反射と心の感謝は全く同じだということです。そして、光の反射には、皆さんご承知のように、乱反射と全反射というのがあります。デコボコの表面で反射すると乱反射してものが見えてきますが、全く平面な鏡で光が当ると全反射します。そうするとピカッと光って、日光の光だけが見え、他は何も見えません。これと同じで、心で乱感謝すると我欲のものが見えてきますが、無我になって理屈を言わないで全感謝すると神さまが現れてこられるのです。

よみがえるいのち

――なるほど。ところで宮司さんはよく知らないはずの父親の夢を見るというお話をされますね。

私は、沖縄の歌で「さとうきび畑」という歌を歌う歌手の人が非常に好きなんです。鮫島有美子というソプラノ歌手が歌っているんですが、あれは非常にいい歌ですね。沖縄の歌で、戦争のとき沖縄にアメリカ軍がやってきた。そのために父親が死んでしまうんです。そして、八月十五日に戦争が終わるでしょう。そのときその女の子が生まれるんです。だから、自分が生まれたときは父親はもう戦死していない。父親というのは知らないはずなんです。ところが、知らないはずの父親に抱かれている夢を見たという歌なんですね。

――そうですか、それはいい歌ですね。

そして、結びが「お父さんよ、いまどこにいるのか。お父さんに会いたい」という内容なんです。この歌と、このあいだある宗教の会長が話されていたことと重なり合っていたのです。その会長は、四十いくつかの若い会長なんですが、その人もやはり自分が小さいときに父親が死んでしまったんです。

「私は親父を知りません。しかし、知らない親父が夢のなかに出てきました。それで親父の温かさを知りました。私は親父というものを知らないから、親父の温かさなんて全然知らないはずなのに、夢のなかで親父の温かさを知らされました。それで、親父というのは死んでいるのではなくて、身近にいてわれわれを守ってくれているんだということを本当に痛切に感じました」と、このようにお話をされたのです。

あの世とこの世というのは続いているものだから、やはり親父というのは死んだ過去の人ではなくて、常にわれわれに何かを伝えている。死んでも生きている人ということだと思います。死んでいても、親父というのは子供を守るものだなと思うんです。

私もそういう体験があって、親父が生きているときは、別に親父にあまり守ってもらったという記憶はなかったんですが、親父が下賀茂神社の宮司をしていて死んでしまったでしょう。それから何年かたって私も神職の道に進みましたが、行くところ行くところで親父の名前が出てくる。その恩恵をフルに受けたわけです。それで私は、親父というのは死んでいるのではなくて、われわれを守ってくれているんだなとつくづく思いました。

人間というのはだれでも、親というのは死んでも生きていると思うんです。親というのは、生きているときだけに子供に伝えるのではなくて、死んでも子供に命を伝えていく。これは本当ではないかと思うんですね。だから、ただ死んだら終わりと考えるのは間違いだと思うんです。死んでもあの世で生き続けなければいけない。そして子供に命を伝えなければいけない。

――死んで生き続けるのですね。

昔から、死んだおじいさんやおばあさんのことを思い出すのは、おじいさん、おばあさんがそばに来ているからだと言われておりましたが、私はこれは本当のことだと思います。死んだ人を思い出すということは、死んだ人があの世で生きているということであり、現世のわれわれとつながっているということです。ですから、祖先は死んだ過去の人でなく、その命はわれわれとつながっていることだと思いますし、これは事実です。

命というのは続いているものです。死んだら終わりというものではなくて、あの世とこの世の命は続いているものなのです。それには、やはり祖先を一生懸命に供養することです。そうすれば祖先もあの世で立派に生きてくれる。そして、われわれに命を伝えてくれると思うんです。それをやっているのが日本人でしょう。祖先を氏神さまと祀り、いつも感謝して生活している。本当の生活をしているのが日本人だと思うんです。だから、祖先から見離された人は生きていけない。

いつも話していますが、医者をやっていて交通事故にあった人を見たらよく分かります。祖先の守りのない人は、こんな事故で死ぬかというぐらいあっさり死ぬ。ところが、祖先の守りのある人は、よくぞ助かったなという人もいる。祖先の守りのある人とない人というのは、はっきり分かれます。

――そうですか。

ええ。いま言ったように、祖先の命とわれわれの命は続いているから、祖先が非常に活発に命を伝えてくれると、われわれは生かされるわけですから、すごい事故があってもよみがえってくるでしょう。私にしても、結核で死ぬというところまでいきながらよみがえったというのは、おそらく祖先がよみがえらせてくれたのだと思うんです。そうでなければ、私はあのときに死んでいるはずでしょう。だから、そういう祖先の守護というものを痛切に感じます。

私はあわやという経験はいくらでもやっています。とくに戦争中なんていうのは、紙一重という経験はいくらでもあります。空襲で東京が焼け野原になったとき、隣の家に焼夷爆弾が落ちて一瞬にして消えたんですが、私の家は助かった。隣の家とは二メートルか三メートルしか離れていないんですよ。それを何千メートルという上空からＢ２９の飛行士がボタンを押す。この零コンマ何秒という違いでしょう。この違いで、隣の家に爆弾が落ちるか、私のうちに爆弾が落ちるかが決まるわけです。本当に神技ですよ。瞬間ですからね。

そして、火事になってしまうからみんなで火に水をかけて消していたんです。そうしたら、隣には私と同じぐらいの男の子がいて一緒になってやっていた。そこに焼夷爆弾が直撃した。一瞬にして男の子は消えてしまった。彼と私は何メートルかしか離れていない。

その子が瞬間に消えたんです。そういう経験をすると、本当に理屈なんて超えて、守られているという気がしますね。そう言っては死んだ人に申し訳ないのですが、守られているという感じがするんです。

そういう経験を何度もすると、本当に祖先の守りというのはありがたいなと痛感しました。だんだんそれが強くなってくると恐怖感がなくなってきます。私は守られている。絶対に大丈夫なんだ。そういう気持ちになるんですね。ですから、祖先の守りというのはどんなにありがたいことか。

――さっきもおっしゃったように、日本はいま非常に大変な状況にあります。その一方で、日本人の底力という話もあるわけですが、いまおっしゃったようなこととつながってくるということでしょうか。

ええ。いわゆる共生と順応ですね。日本人ほど共生と順応の強い国民というのはないと思います。いわゆる環境とともに生きてしまう。環境にさからわないで、環境の変化に立ち向かわないで、環境とともに生きてしまって、それに順応してしまうんですね。そして自分を変えて、その環境を乗り越えてしまうんですね。そして、先ほど言ったように自分が進化してしまう。日本人というのはずっと昔からそれをやってきたわけです。

それに対し、外国人は自分の力で苦難を払いのけようとするでしょう。外国人は征服するとよく言うでしょう。病気でも、西洋医学というのは病気を征服しようというシステムになっているんです。日本人にはそういうシステムはなくて祓いの精神で、病気を征服しようなんていうのは昔は微塵も考えていなかったのではないでしょうか。

その順応、共生の底力というのが最大の力であって、どんな環境にも生き延びる。これを持っているのは日本人しかいない。こういうことに気が付いている外国人が出てきたわけでしょう。

現在は西洋の考え方が充満して、全てのものが対立するという考えになってきております。例えば、人間と自然も対立するものであって、人間の力で自然を破壊するとか取り戻すなどということが当たり前のように言われておりますが、これはあくまでも西洋の唯物的な考え方でありまして、昔の日本にはこういう考え方は全くありませんでした。何かの本に書いてありましたが、人間は自然の中で生き、自然の一部であると考えていた。ですから自然もシゼンとは読まずにジネンと言っていたということで、自然の移り変わりとともに人間も変わっていくということなのです。また日本人は、自然のものに対して、名前もつけなかったようです。

例えば、夜空にピカッと光るイナズマは、いまは稲光《いなびかり》という単語になっていますが、日本人は昔はそのようには考えず、あれは「稲の妻」だとみたのです。すなわちツマというのは、刺し身のつまと同じで、相手という意味です。ですから、イナズマは稲の相手という意味であって、稲光が光って雷が落ちるのは、稲と雷がセックスすると見たのですね。それによって稲は妊娠し、子供を作って米ができると見たのです。これは単なる架空のことではなく、現在でも雷が落ちると稲がよく実るということは事実だそうです。

このように日本人は全てを自然現象と見てきたわけで、自然の中に生かされているから、自然と対立するという考えは全くなく、自然の変化に順応して生きることが人間の生き方であると考えて、それをずっと行なってきたのが日本人なんですね。

ですから、この戦争で日本が負けたとき、こんな小さな国で世界相手に戦った日本人に皆、恐怖を感じたんですね。そして、日本人を骨抜きにしなければいけないと考えたんでしょう。どうやるかというと、歴史と伝統を否定すれば、その民族は滅びる。命がなくなりますからね。そのために、あのとき日本人の歴史と伝統を教育というところから否定して、抹殺してしまったんですね。

見事にそれに日本人が引っ掛かったんですね。こんなにうまく引っ掛かるとはアメリカも思わなかったんだけれども、引っ掛かりすぎてしまったわけです。ところが、本当だったらもう五十年もたっているから、日本もだんだん姿を消していいはずなんですが、それを救ったのが神道だと思うんです。神社の祭りですね。これが日本の伝統を伝えた。命を伝えたんです。

本当は当然滅びるんです。それなのに世界の経済大国まで成長してしまった。この根本は神道だと思うんです。根本に順応性、共生の底力を日本人は持っていたということでしょう。それがここまで生き続けてきた理由です。そうでなかったら、これだけうまく引っ掛かってしまったんだから、とうの昔に滅びているはずなんですが、神道に見られる日本人の生き方がいままで日本人を救ってきたのだと思うんですね。

いまそれに目覚めて、本来の日本人によみがえらなければいけない。だから、アメリカの言う通りにならないで、日本人本来の姿に目覚めなければいけない。でも、いまは独立国じゃないでしょう。アメリカの属国ですね。日本は独立国にならなければいけない。

いま五十代より下の人というのは、昔の日本の姿というのは知らないんですね。われわれぐらいしか知らないでしょう。われわれは、昔の日本というのをわずかでも知っている。そうしたら、いまはどれだけ独立国とは違うか。あのころはもちろん日本は独立していましたから、誇りを持っていたでしょう。それと戦後とはどれだけ違うか。もうわれわれより上の人しか知らないでしょう。いまの人は昔の日本を知らない。

――そうですね。戦後生まれですからね。

知らないでしょう。だから、いまわれわれが生きている間に、私たちが受け継いできた日本人の命を、いまの人たちに伝えなければいけないと思っているんです。われわれ以上の年代の人が死んでしまったら、日本を知っている人はいなくなってしまいます。

本当に生きるとは

――そういえば、お年寄りの方の自殺が非常に多いという話も聞きますね。

これも戦後の悪弊で、ひとつに人間は自分で生きているという考えになってしまってから、こういう自殺者というのも増えているんですね。生かされているということを忘れてしまったんでしょう。才能に恵まれた人が自殺をする例が非常に多い。それは、人からほめられるという経験はしているんだけれども、自分が他人を認める、他人をほめるということを忘れてしまったんですね。人からされることばっかりに慣れてしまうと、最後に行き詰まってしまうんですね。

人間はそういうのではなくて、神を認め、神をほめたたえるというのが、日本人の本来の命なんですね。それを逆に、人からほめられ、人から認められることばかりやってしまったんですね。自分で人を認め、人をほめるということをしなくなると、ついにそこで命がなくなって自殺ということになるわけです。

老人もそうなんです。戦後、老人の自殺が多いというのはそれですね。自分のことだけ考える。世の中の幸せのために生きるとか、そういうものがなくなってしまった。そうすると、行き詰まってしまうんですね。人間というのはそうではなくて、いつも言うように、神を認め、神をたたえなければいけない。それは人間に対しても同様で、人のいいところを認めてあげてほめるというのが、人の本来の生き方なんです。それなのに逆をやるようになってしまったから、しまいに人生に行き詰まりを感じるわけでしょう。

しかし、神を認めるということに行き詰まるということはない。永遠に行き詰まりというのはないわけです。だから、人生に行き詰まりというのはないわけです。自分のことを考えると行き詰まりになってしまうんです。

――自分のことだけ考えていると行き詰まってしまうと。

ええ。だからそうではなくて、人を喜ばせることを考えれば、行き詰まりということはないでしょう。一生懸命に働くというのは、外国では労働だけれども、日本語は「はた」を「らく」にする。周りを楽しませるというのが働くということです。これはすごいことだと思うんです。自分のために働くから、行き詰まってしまうんです。そうではなくて、人を喜ばせるためだったら、行き詰まりというのはない。どれだけの人を喜ばせたら終わりというのではなくて、対象は無限でしょう。そうすると、自殺なんかしていられなくなるわけです（笑）。

日本人の老人の自殺が多いというのは、そのほとんどが利己主義の現れなんですね。外国人はまだボランティアとか、そういうものが発達しているでしょう。だから、年を取ったら何とか協会の仕事をしようとか、人のために何かやろうというのは、日本人よりは多いんですね。そういうことで、外国人のほうが自殺者が少ないんでしょうね。日本でもボランティアというのはぼちぼち出てきましたが、外国に比べればまだ少ないですね。

ですから、私はいつも言うんです。年を取ったら年金で生活には困らない。だけど、何か自分勝手に生きようということをするから行き詰まる。だから、誰かのために何かやりなさい。いちばんいいのは、神さまを悦ばせることをしなさい。だから、神社へ来てお掃除をしなさい。そうしたら、生きがいを感じる。こう言うんですね。ちょっとでもお掃除をしてきれいにしたら、神さまが悦んでいらっしゃることを感じる。そうしたら生きがいを感じますよと言うんです。

ですから、自分ではなくて、人を喜ばせる。しかも神さまを悦ばせるということは、どんなに楽しいことかということなんです。これが本当の人生ですからね。これをやってきたのが日本人でしょう。そうすれば、自殺なんていうのはありえないんですね。

私も、もういまは神さまのことしか考えません。こうして生きがいを感じていられるのも、このお社をきれいにしようとか、境内のここをきれいにしてみたいとか、神さまのことをしじゅう思っているからです。「これをすると神さまは悦んでくださるかな」と、そんなことばかり考えているんですね。

そうすると、なぜか周りの人が幸せになってくる。家族とか、子供が幸せになってくるでしょう。それが非常に楽しいというか、神さまのお恵みだと思うんです。何も幸せにしてくれと祈っているわけでも何でもない。ただ神さまをお悦ばせすることしかやっていない。やはりそこに、神さまのお力が出てきているのではないかと思うんです。

楽しいということについて、ある新聞に書いてありましたが、この仕事は面白くない、つまらないという人がいる。しかし、つまらない仕事というのは世の中にはない。仕事をつまらなくする人間がいるだけだと。仕事が味気ないのではない。味気なく仕事をするから味気ないのだと書いてありましたが、私も全くその通りだと思います。これと同じことで、人生に行き詰まるということはありません。行き詰まらせているのは人間なんですね。よく、勉強するのは苦しいという学生がいます。けれど、これも勉強が苦しいのではなく、本来勉強というものは楽しいものなんです。これがわかれば楽しく勉強できるはずですね。世界的なノーベル賞学者でも、みんな勉強は楽しいものであると言っているそうです。

――いいお話ですね。

科学の時代に神は信じないとか、目に見えないものは信じないとか、神さまがあるのならなぜこの世の中に病気や悩み、苦しみがあるのか。だから、おれは信じないと言う人がいますが、それはとんでもない間違いで、神さまというのは信じるとか、信じないという問題ではないんです。神さまというのは何かということを全然分かりもしないで、自分勝手に理屈をくっつけて信じないとか信じるというのは、神を冒瀆していることなんですね。

神というのはそういうものではなくて、神さまがそこにおられるんだから、それを見ることができるかできないかだけのことです。見ることができない人は、いないとか、いるとかと言っているだけなんですね。本当に見たら、何も信じるとか信じないではなくて、おられるということが分かる。そこで感動するわけでしょう。

何度も言いますが、私が結核で死にそうになったとき、知らないで無我になったら神の世界が目の前に出てきてしまったんですね。そうすると、ただただ感動ですね。どうしたら見られるかといったら、我をなくすこと以外に神を見る方法というのはない。理屈では見られない。それが神道でいう祓いですね。罪・穢というのはすべて我ですから、我を祓いなさい。なくしなさい。そうしたら神さまが見られますよと言っているんですが、人間というのはなかなか我をなくすことができない。

神さまは私を死というところまで落とされたわけでしょう。そうすると、もう我なんて言っていられなくなって、神が見られるということでしょう。だから、日本の国がここまで落ち込んでいくというのは、おそらく神さまがそうなさっているのだろうと思うんです。いま日本は我欲の塊でしょう。自分の我欲以外考えないということになってしまったでしょう。何しろ国のことを考えたら、悪なんですからね。愛国心と言ったら右翼だと言われる時代でしょう。我欲がここまで来たら、神さまは最後の最後まで落とすのだろうと思います。

おそらくもうじき日本人全員が、日本はつぶれると思うようになるだろうと思うんです。そのときに目覚めるのだろうと思います。しかし、それでも目覚めない人は、残念ながら消えてもらわなければしようがないということです（笑）。ですから、私のような人間が春日の宮司にさせられて、こうやって一人でも多くの人にそういうことを伝えているのだと思うんです。

ですから、神さまというのはそういう存在であって、神さまがあるとか、ないとかということではなくて、実在なんだから、そこにおられる。そして、神さまというのは命です。生きる知恵ですね。形にすれば美です。それもシンプルさの極限の美です。そこに神の世界というのは見ることができるんです。それを伝えているのが命です。神というのはそういうものでしょう。

――そういう真実の美であり、命である神というのは、どういうところに現れるのですか。

いちばん分かりやすく言うならば、神の世界というのは夜の世界なんです。そうすると、お日さまが出ると夜がなくなって昼間になるでしょう。昼間の世界があると人間は思っていますが、本当は夜の世界しかないんです。その証拠に、昼間でも全部日光を遮断したら、そこに真っ暗な夜ができますね。夜がここにあるんです。でも、日光のために見えないだけでしょう。だから、日光を遮断すれば、そこに夜はある。

これがいちばん分かりやすい例で、いまここに神さまはいらっしゃるんですが、我欲があるから見えないだけなんです。我欲をなくしてごらんなさい。見えます。神さまというのは理屈ではないから、理屈では説明できないんです。方法でしか説明できないわけですね。

ですから、あなたの我欲をなくしてごらんなさい。そうしたら、神さまは目の前におられるのです。夜の世界が目の前にあるのです。夜というのは、日の出になったらないといううけれども、違いますよ。ここにあるじゃないですか。夜の世界以外に本当の世界というのはないんです。ただ、日光が当たったから、見えなくなっただけではないですか。こういうことなんですね。目をつぶったら、夜があるじゃないですか。穴倉のなかに入れば真っ暗でしょう。目をつぶったら、夜があるじゃないですか。こういうことなんですね。

ですから、神さまはそこにいらっしゃるんです。目の前におられる。それに気が付かないというだけです。それでは神はどんな姿なのか。それは自分で見てください。それ以外に言いようがないんです。説明のしようがない。私は死にそうになった直前に神の世界を見ましたが、どんな世界ですかと聞かれても説明のしようがない。ただ感動して涙を流しただけです。これは言葉では説明しようがないんです。そういう説明ができない世界です。神さまというのはそういうお方なのです。

著者略歴◎葉室頼昭（はむろ　よりあき）
1927年、東京生まれ。学習院初・中・高等科をへて、大阪大学医学部卒業。大阪大学医学部助手、大阪市大野外科病院長などをへて、1968年、葉室形成外科病院を開業。医学博士。1991年、神職階位・明階を取得。枚岡神社宮司をへて、1994年、春日大社宮司。1999年、階位・浄階、神職身分一級を授与さる。2009年、逝去。
著書に、『〈神道〉のこころ』『神道と日本人』『神道 見えないものの力』『神道〈いのち〉を伝える』『神道〈徳〉に目覚める』『神道 夫婦のきずな』『神道と〈うつくしび〉』『神道と〈ひらめき〉』『神道〈はだ〉で知る』『神道 感謝のこころ』『神道 いきいきと生きる』『神道 心を癒し自然に生きる』『ＣＤブック 大祓 知恵のことば』『神道 おふくろの味』（以上、春秋社）『御力』（世界思想社）『にほんよいくに』（冨山房）など多数。

神道 見えないものの力
一九九九年十一月二十五日　初　版第一刷発行
二〇一三年　十　月　二十　日　新装版第一刷発行
二〇二四年　六　月　三十　日　新装版第七刷発行
著　者　葉室頼昭
発行者　小林公二
発行所　株式会社　春秋社
東京都千代田区外神田二-一八-六
〒一〇一-〇〇二一
電話〇三-三二五五-九六一一
振替〇〇一八〇-六-二四八六一
https://www.shunjusha.co.jp/
印刷所　萩原印刷株式会社
装　丁　美柑和俊
定価はカバー等に表示してあります

ISBN 978-4-393-29933-3